Die II. Ausführungsverordnung zum Reichsjagdgesetz

vom 5. Februar 1937

(Stand vom 10. Februar 1938)

Von

Oberregierungsrat Weigand

in Würzburg

Sonderdruck aus „Bayerische Gemeinde- und Verwaltungszeitung“ 1937 Nr. 27, 28, 29, 1938 Nr. 7.

1938

München, Berlin und Leipzig
J. Schweitzer Verlag (Arthur Sellier)

Inhalt

Abkürzungen III

A. AusfV. § 1 Abs. 3 und 4 (II. AusfV. Art. 1): Pflicht des Nichtjagdausübungsberechtigten zur Ablieferung von Wild 1

B. AusfV. § 5 (II. AusfV. Art. 2): Jagdausübung auf Eigenjagdbezirken 10

C. AusfV. § 6 (II. AusfV. Art. 3): Nichteinrechnung von Ländereien in die Mindestgröße eines Jagdbezirks 12

D. AusfV. § 7 Abs. 2 (II. AusfV. Art. 4): Jagdausübung auf befriedeten Grundstücken . . . 13

F. AusfV. § 8 Abs. 3 (II. AusfV. Art. 5 Abs. 1): Verzicht auf die Eigenschaft einer Grundfläche als Eigenjagdbezirk 19

F. AusfV. § 8 Abs. 4 (II. AusfV. Art. 5 Abs. 2): Mindestgröße für Eigenjagdbezirke 20

G. AusfV. § 9 Abs. 2 (II. AusfV. Art. 6): Mindestgröße für gemeinschaftliche Jagdbezirke . . . 21

H. AusfV. § 12 Abs. 5 (II. AusfV. Art. 7 Abs. 1): Ausnahmen von RJG. § 12 Abs. 4 22

J. AusfV. § 12 Abs. 6, § 19, § 24, § 56 Abs. 2 (II. AusfV. Art. 7 Abs. 3, Art. 8, 11, 21): Personen, die das Reichsbürgerrecht nicht besitzen 23

K. AusfV. § 22 Abs. 5 Buchst. a, § 23, § 27 (II. AusfV. Art. 9 Abs. 1, Art. 10, Art. 12 Abs. 1, Art. 24): Jagdhaftpflichtversicherung 27

L. AusfV. § 22 Abs. 6 (II. AusfV. Art. 9 Abs. 2): Behandlung der Gesuche um Ausstellung der Jagdscheine durch den Kreisjägermeister . . 33

M. AusfV. § 22 Abs. 10 (II. AusfV. Art. 9 Abs. 3): Ausstellung von Jagdscheinen an Ausländer, Staatenlose und Reichsangehörige, die ihren Wohnsitz im Ausland haben 34

N. AusfV. § 22 Abs. 11 Buchst. c (II. AusfV. Art. 9 Abs. 4): Auch Jagdschutzberechtigte bedürfen eines Jagdscheines, wenn sie die Jagd ausüben 35

O. AusfV. § 27 Abs. 5 (II. AusfV. Art. 12 Abs. 2): Ausstellung von Jagdscheinen zu halben Gebühren für Schwerkriegsbeschädigte und die ihnen gleichgestellten Personen 37

P. AusfV. § 28 (II. AusfV. Art. 13): Jägernotweg 38

Q. AusfV. § 30 (II. AusfV. Art. 14): Überwechseln krankgeschossenen Schalenwildes 39
R. AusfV. § 35 Abs. 4 Buchst. b und c (II. AusfV. Art. 15): Auslegen von Gift 41
S. AusfV. § 36 Abs. 1 (II. AusfV. Art. 16 Abs. 1): Örtliche Verbote, hier Jagdausübung an Orten, an denen die Jagd eine Störung der öffentlichen Ruhe, Ordnung und Sicherheit oder eine Gefährdung von Menschen verursacht 44
T. AusfV. § 36 Abs. 1—4, nun 2—5 (II. AusfV. Art. 16 Abs. 2—4): Örtliche Verbote; hier Ausübung der Jagd auf Anlagen der Landesverteidigung und der Luftfahrt sowie in der Umgebung solcher Anlagen 48
U. AusfV. § 36 Abs. 5 (II. AusfV. Art. 16 Abs. 5): Wildschutzgebiete u. a. 53
V. AusfV. § 38 Abs. 1 Nr. 22 (II. AusfV. Art. 17): Schußzeit für Sumpfschnepfen und Brachvögel 61
W. AusfV. § 42 (AusfV. Art. 18): Verminderung übermäßigen Wildstandes 61
X. AusfV. § 44 Abs. 3 und 4 (II. AusfV. Art. 19): Wildschadensausgleichkasse 64
Y. AusfV. § 51 (II. AusfV. Art. 20): Wildhandel 65
Z. AusfV. § 58 Abs. 1 (II. AusfV. Art. 22): Jägerehrengerichte 66
AA. AusfV. § 60 (II. AusfV. Art. 23): Strafbestimmungen 67
Nachtrag 70
Sachverzeichnis 73

Abkürzungen

Behr-Ott-Nöth = Die deutsche Reichsjagdgesetzgebung, J. C. Mayer Verlag, München

Amtl. VerkBl. = Amtliche Verkündungsblätter der Deutschen Jägerschaft

Der Jagdvorsteher = „Der Jagdvorsteher", volkswirtschaftliche Zeitschrift für die Interessen der Verpächter und Pächter von Gemeinde- und Privatjagden, J. Neumann in Neudamm

GVBl. = Gesetz- und Verordnungsblatt

JW. = Juristische Wochenschrift, Organ der Reichsgruppe Rechtsanwälte des Bundes Nationalsozialistischer Deutscher Juristen, Verlag W. Möser, Buchhandlung, Leipzig

Klotz = Das Reichsjagdgesetz, Kommentar, Verlag Boltze, Karlsruhe

Mantel-Müller = Reichsjagdgesetz, Kommentar, Verlag C. Gissemann, G.m.b.H., Dresden

Mitzschke-Schäfer = Kommentar zum Reichsjagdgesetz, Verlag Paul Parey, Berlin

OLG. = Oberlandesgericht

Poppe = Reichsjagdgesetz, Verlag von Georg Stilke in Berlin

RegAnz. = Bayerischer Regierungsanzeiger, „Völkischer Beobachter", Süddeutsche Ausgabe, Amtlicher Teil

RGSt. = Entscheidungen des Reichsgerichts in Strafsachen

RGZ. = Entscheidungen des Reichsgerichts in Zivilsachen

RMBlFv. = Reichsministerialblatt der Forstverwaltung

RMBliV. = Ministerialblatt des Reichs- und Preußischen Ministeriums des Innern

RVerwBl. = Reichsverwaltungsblatt, Karl Heymann Verlag, Berlin

Scherping-Vollbach = Das Reichsjagdgesetz, Kommentar, Verlag von J. Neumann in Neudamm, 3. Aufl.

V = Verordnung

Die II. Ausführungsverordnung zum Reichsjagdgesetz vom 5. Februar 1937.

Von Oberregierungsrat Weigand in Würzburg.

Am 1. 4. 1937 waren 2 Jahre vergangen, seitdem das Reichsjagdgesetz vom 3. 7. 1934 (RGBl. I S. 549) („RJG.“) mit seiner Ausführungsverordnung vom 27. 3. 1935 (RGBl. I S. 431) („AusfV.“) in vollem Umfange im ganzen Reichsgebiet in Kraft getreten ist[1]). Auf Grund der in dieser Zeit gesammelten Erfahrungen ist die AusfV. durch die Verordnung zur Änderung der Verordnung zur Ausführung des Reichsjagdgesetzes vom 5. 2. 1937 (RGBl. I S. 179, 268 [Berichtigung]) („II. AusfV.“) in einer Reihe von Punkten wesentlich geändert und ergänzt worden. Die II. AusfV. ist am 1. 4. 1937 in Kraft getreten.

A.

AusfV. § 1 Abs. 3 u. 4 (II. AusfV. Art. 1): Pflicht des Nichtjagdausübungsberechtigten zur Ablieferung von Wild.

I. Altes Recht.

1. Wer an Orten, an denen er zur Jagdausübung nicht berechtigt ist, Besitz oder Gewahrsam an lebendem oder verendetem Wild erlangt, hat dies nach AusfV. § 1 Abs. 3 innerhalb 24 Stunden der Ortspolizeibehörde abzuliefern oder anzuzeigen. Die Ortspolizeibehörde hat diese Sachen dem am Fundort Jagdausübungsberechtigten unverzüglich zur Verfügung zu stellen. Ist dieser nicht festzustellen, so sind die Sachen wohltätigen Zwecken zuzuführen, soweit dies möglich ist.

---

[1]) Für das Saargebiet s. V. vom 22. 2. 1935 (RGBl. I S. 256).

Die Vorschrift findet in den Fällen des § 7 Abs. 2 (Jagdausübung auf befriedeten Grundstücken) und § 9 Abs. 4 (Jagdausübung durch den Fischereiberechtigten) keine Anwendung.

Strafbestimmung: AusfV. § 60 Nr. 4.

2. a) Die Bestimmung bezieht sich nur auf lebendes oder verendetes Wild[2]).

Verendetes Wild ist das getötete, durch eine äußere Einwirkung umgekommene Wild, besonders das durch die Hand des Jagdausübungsberechtigten oder auch des Wilderers mit der Schußwaffe getötete, in Eisen, Fallen, Schlingen, mit Frettchen gefangene tote Wild, das durch Fahrzeuge oder Eisenbahnen überfahrene, durch Raubzeug oder Raubwild gerissene Wild, das in Brunftkämpfen umgekommene, durch Absturz, Blitz oder Steinschlag, durch Anfliegen oder Anrennen an Leitungsdrähte, Leuchttürme, Bäume oder Zäune getötete Wild[3]).

Auf andere jagdbare Sachen, nämlich Fallwild[4]), Abwurfstangen und Eier des jagdbaren Federwildes (RJG. § 1 Abs. 2) bezieht sich die Vorschrift nicht.

Für diese Sachen besteht also keine Ablieferungs- oder Anzeigepflicht; wer sich jedoch solche Sachen unbefugt aneignet, begeht ein Vergehen der Jagdwilderei nach StGB. §§ 292 ff. gleich dem, der lebendes oder verendetes Wild sich widerrechtlich aneignet (s. unten Ziff. II, 2).

---

[2]) Wild: RJG. § 2, AusfV. § 2.

[3]) Ebenso Behr-Ott-Nöth § 1 Buchst. B II S. 18; Mantel-Müller § 1 Anm. 6 und 7, S. 67; Poppe § 1 Anm. 6 S. 38; teilw. a. M. Mitzschke-Schäfer, § 1 Anm. 3 S. 7; Scherping-Vollbach § 1 Anm. 3, 3. Aufl. S. 18; „Der Jagdvorsteher" 1936 S. 62 ff.; s. auch „Deutsche Justiz" 1936, S. 1163.

[4]) Fallwild ist das an natürlicher Ursache wie Alter, Hunger, Kälte, Seuche, Überschwemmung, Aufnahme von Giftgetreide eingegangene Wild.

b) „Besitz" im Sinne des Bürgerlichen Gesetzbuchs ist nicht erforderlich, es genügt Gewahrsam; darunter ist dasselbe zu verstehen, wie in StGB. § 246 (Unterschlagung), nämlich die tatsächliche oder räumliche Innehabung, „das Verhältnis der tatsächlichen Herrschaft über eine Sache"[5]).

Besitz oder Gewahrsam an lebendem oder verendetem Wild erlangt besonders wer Jungwild, z. B. das von der Mutter verlassene Rehkitz oder Hirschkalb, an sich nimmt, wer verendetes Wild findet und aufnimmt, wer dem Hunde das gefangene Wild abnimmt, der Landwirt, der das durch die Mähmaschine verletzte oder getötete Wild aufnimmt, wer das in Haus, Hof oder Garten geflüchtete Wild gefangen hält; Besitz oder Gewahrsam haben auch die Fischereiberechtigten an den nach AusfV. § 42 Abs. 2 gefangenen oder erlegten Tieren sowie die Führer von Fahrzeugen, die das von ihnen verletzte oder getötete Wild von der Fahrbahn wegnehmen und auf die Straßenböschung legen.

In allen diesen Fällen besteht für den Nichtjagdausübungsberechtigten Ablieferungs- oder Anzeigepflicht.

Eine Rechtspflicht, Besitz oder Gewahrsam zu begründen, besteht nicht; der Landwirt z. B., der verendetes Wild auf seinem Acker findet, kann besonders wegen Verletzung der Ablieferungs- oder Anzeigepflicht nicht gestraft werden, wenn er das Wild unbeachtet liegen läßt und sich um dasselbe nicht kümmert. Vom Standpunkt der Volksgemeinschaft aus

---

[5]) Staudinger-Schmitt, Strafgesetzbuch, 19. Aufl., § 242, Anm. 3 S. 313; s. auch RG. Urt. vom 5. 11. 1935, I. StrS., 1 D 136/35 („Gewahrsam ist die tatsächliche Machtstellung, in der eine natürliche Person zu einer Sache steht"); RGSt. 69 S. 80, 82 (Der Täter muß mit den fraglichen Sachen in solche Beziehungen getreten sein, „daß ihm die tatsächliche Möglichkeit des körperlichen Zugriffs ‚jederzeit' offensteht").

muß jedoch verlangt werden, daß jeder Volksgenosse dazu beiträgt, Wild und Jagd als „wertvolle deutsche Volksgüter“ (Vorspruch des Reichsjagdgesetzes) vor Verderb und Schaden zu bewahren.

c) Der Pflichtige hat die Wahl, ob er das Wild der Ortspolizeibehörde abliefern oder Anzeige erstatten will.

Wer Ortspolizeibehörde ist, bestimmt sich bis zur reichsrechtlichen Regelung nach Landesrecht. In Bayern sind Ortspolizeibehörden die Bürgermeister (Oberbürgermeister), in gemeindefreien Grundstücken (abgesonderten Markungen, ausmärkischen Bezirken) das Bezirksamt[6]).

Nachdem die Ortspolizeibehörde das Wild dem Jagdausübungsberechtigten zur Verfügung zu stellen hat, konnte die Verpflichtung zur Ablieferung oder Anzeige wohl auch unmittelbar dem Jagdausübungsberechtigten gegenüber erfüllt werden.

II. Neues Recht.

1. Die Bestimmung ist in folgenden Punkten geändert:

a) Während bisher Ablieferung oder Anzeige innerhalb 24 Stunden erfolgen mußte, ist diese Pflicht nunmehr „unverzüglich“ zu erfüllen, d. h. ohne schuldhaftes — vorsätzliches oder fahrlässiges — Zögern (BGB. § 121); es ist also ein nach den Umständen des Falles zu ermessendes beschleunigtes Handeln erforderlich, besonders um den Verderb des Wildes zu verhüten. Die neue Bestimmung ist enger als die bisherige.

---

[6]) Angleichungsverordnung zur DGO. vom 1. 4. 1935 (GVBl. S. 180) § 24 Abs. III und IX; § 27 Abs. III. Auch in den Gemeinden mit staatlicher Polizeiverwaltung (§ 25) ist der Oberbürgermeister Ortspolizeibehörde im Sinne der AusfV. § 1 Abs. 3, da die staatlichen Polizeiverwaltungen nach den maßgebenden Bestimmungen hierfür nicht als zuständig erklärt sind.

b) Die Ablieferungs- oder Anzeigepflicht kann nunmehr dem Jagdausübungsberechtigten[7]) oder der Ortspolizeibehörde gegenüber erfüllt werden. Der Pflichtige hat die Wahl zwischen den beiden Stellen; da die Pflicht unverzüglich zu erfüllen ist (Buchst. a), muß er — auch unter entsprechender Anwendung der Bestimmungen des BGB. über Geschäftsführung ohne Auftrag[8]) — den Weg wählen, der dem wirklichen oder mutmaßlichen Willen des Jagdausübungsberechtigten entspricht; er muß den nach Lage der Verhältnisse zweckdienlichen und erforderlichen Weg einschlagen; er darf also den Jagdausübungsberechtigten nicht übergehen und sich an die Ortspolizeibehörde wenden, wenn dadurch Gefahr für die Erhaltung des Wildprets besteht und umgekehrt, widrigenfalls er sich strafbar und schadensersatzpflichtig machen würde (s. Ziff. 2).

Andererseits wird der Pflicht genügt durch Anzeige. Die Ablieferung kann von dem Pflichtigen nicht verlangt werden; in manchen Fällen, z. B. bei einem Stück Rotwild, würde diese auch nur mit besonderen Aufwendungen möglich sein. Liefert der Pflichtige das Wild als dem wirklichen oder mutmaßlichen Willen des Jagdausübungsberechtigten entsprechend ab, so hat er Anspruch auf Ersatz seiner Aufwendungen, besonders der Beförderungskosten[9]).

Als genügend muß es angesehen werden, wenn die Ablieferung oder Anzeige statt an den Jagd-

---

[7]) Jagdausübungsberechtigt ist der Eigenjagdbesitzer, der die Jagd selbst ausübt, der von ihm dem Kreisjägermeister Benannte, der Jagdpächter (einschließlich Mitpächter, Weiterpächter und Unterpächter), der staatliche Forstbeamte und der angestellte Jäger, der die Jagd auf Rechnung der Jagdgenossenschaft ausübt (RJG. § 11 Abs. 2); der Jagdgast ist nicht Jagdausübungsberechtigter (RJG. § 14 Abs. 5).

[8]) BGB. §§ 677 ff.

[9]) BGB. § 683.

ausübungsberechtigten selbst an einen seiner Familienangehörigen oder seinen Jagdaufseher (Berufsjäger) erfolgt.

c) Häufig mußte beobachtet werden, daß Führer von Fahrzeugen, besonders von Kraftfahrzeugen, Wild überfahren und liegen lassen, ohne sich um dasselbe zu kümmern. Da sie weder Besitz noch Gewahrsam erlangt hatten, war ein Vorgehen gegen sie nicht möglich. Nunmehr findet die Vorschrift über Ablieferung oder Anzeige auf die Führer von Fahrzeugen beim Überfahren von Schalenwild[10]) entsprechende Anwendung[10a]). Die Verpflichtung besteht also in allen Fällen, auch wenn die Führer keinen Besitz oder Gewahrsam an dem überfahrenen Schalenwild erlangen.

Wer Führer eines Fahrzeugs ist, bestimmt sich nach dem Gesetz über den Verkehr mit Kraftfahrzeugen vom 3. 5. 1909 (RGBl. S. 437) in der Fassung des Gesetzes vom 21. 7. 1923 und der Verordnungen vom 5. und 6. 2., 12. 12. 1924 und des Gesetzes vom 13. 12. 1933 (RGBl. I 1923 S. 743; 1924 S. 42, 755; 1933 S. 1058) sowie nach der Reichsstraßenverkehrsordnung vom 28. 5. 1934 (RGBl. I S. 455); der Begriff des Führers ist nach beiden Gesetzen der gleiche. Darnach ist Führer, wer unter eigener Verantwortung das Fahrzeug lenkt und leitet, d. h. diejenigen Verrichtungen ausführt, die erforderlich sind, damit die bestimmungsmäßigen Triebkräfte des Fahrzeuges auf dieses zwecks Fortbewegung einwirken[11]).

---

[10]) Schalenwild ist Wisent-, Elch-, Rot- Dam-, Sika-, Stein-, Muffel-, Reh-, Gams- und Schwarzwild (RJG. § 35 Abs. 1 Nr. 1).

[10a]) Der Reichs- und Preuß. Verkehrsminister hat mit Erl. vom 22. 2. 1937 K 1 2428 (Reichs-Verkehrs-Blatt Ausgabe B S. 22) auf diese „Pflichten der Fahrzeugführer gegenüber dem Wilde“ hingewiesen.

[11]) RGZ. 90 S. 157.

Eine Ausnahme gilt für Kraftfahrzeuge bei Lehrfahrten (Übungs- und Prüfungsfahrten); hier gilt der Begleiter als Führer (KraftfahrzeugG. § 3 Abs. 2), d. i. bei Übungsfahrten der Fahrlehrer, bei Prüfungsfahrten der prüfende Sachverständige; bei diesen Fahrten obliegt also die Ablieferungs- oder Anzeigepflicht dem Begleiter.

Ein „Überfahren" liegt auch dann vor, wenn das Wild vom Fahrzeug verletzt oder durch das Fahrzeug auf andere Weise, z. B. durch Anspringen getötet wird.

Bei Überfahren von anderem als Schalenwild besteht Ablieferungs- oder Anzeigepflicht nur, wenn der Führer Besitz oder Gewahrsam an dem Wilde in dem oben angegebenen Sinne erlangt. Die neue Bestimmung wollte dieses Wild nicht erfassen, da es im Vergleich zum Schalenwild einen verhältnismäßig geringen Wert hat; eine allzu große Belastung des Fahrverkehrs wollte offenbar vermieden werden.

2. Zuwiderhandlungen.

a) Strafbestimmungen.

α) Wer der Ablieferungs- oder Anzeigepflicht nicht oder nicht rechtzeitig nachkommt, wird wegen Übertretung nach AusfV. § 60 Abs. 1 Nr. 4 mit Geldstrafe bis zu 150 *RM* oder mit Haft bestraft. Unkenntnis der Bestimmung schützt nicht vor Strafe. Diese Bestimmung gilt besonders auch für den Führer eines Fahrzeuges, der Schalenwild ohne Verschulden überfährt.

β) Der Führer eines Fahrzeugs, der (Schalen- oder anderes) Wild auf einem fremden Jagdbezirk absichtlich überfährt, wird wegen eines Vergehens der Jagdwilderei nach StGB. §§ 292 ff. bestraft, weil er das Jagdrecht des Jagdausübungsberechtigten verletzt; denn dieser allein ist nach RJG. § 1 Abs. 1 ausschließlich befugt, Wild zu erlegen. Dabei ist es gleichgültig, ob der Führer des Fahrzeugs das überfahrene Wild an sich nimmt oder liegen läßt; denn die Aneignungsabsicht ist bei der Jagdwilderei nicht erforderlich, das rechtswidrige vorsätzliche Erlegen allein ist bereits strafbar.

Dasselbe gilt, wenn ein Landwirt Wild bei Ausführung landwirtschaftlicher Arbeiten, z. B. beim Mähen, mit Vorsatz tötet oder beschädigt.

AusfV. § 60 Abs. 1 Nr. 1 findet in diesen Fällen keine Anwendung[12]).

γ) Wer Wild — mit oder ohne Verschulden — beschädigt, macht sich eines Vergehens der Tierquälerei nach dem Tierschutzgesetz vom 24. 11. 1934 (RGBl. I S. 987) §§ 1, 10 ff. schuldig, wenn er ihm unnötige Qualen dadurch bereitet, daß er unterläßt, es möglichst rasch von seinen Qualen durch den Tod zu befreien, wenn dies nach Lage des Falles notwendig ist; denn Schmerzen oder Leiden können auch durch Unterlassen hervorgerufen werden, wenn für den Schuldigen eine Rechtspflicht zum Handeln bestand. Eine Rechtspflicht zum Handeln liegt aber nicht nur dann vor, wenn im einzelnen Fall das Gesetz ein Handeln vorschreibt, sondern auch dann, wenn durch die eigenen Handlungen des Täters eine dem Gesetz widersprechende Lage oder solche Verhältnisse geschaffen worden sind, die in ihrer Fortentwicklung den rechtsverletzenden Erfolg herbeiführen. Hat der Täter die Möglichkeit, diesen Erfolg zu verhindern, so erwächst ihm aus der Vornahme seiner die Ursachenreihe auslösenden Handlungen die Rechtspflicht dazu[13]).

---

[12]) Siehe auch Kammergericht, Urt. vom 4. 12. 1936 (JW. 1937 S. 763 = RVerwBl. 1937 S. 484).

[13]) Vgl. RGSt. 46 S. 337, 343; Deutsche Justiz 1936 S. 1163.

b) Schadensersatzpflicht.

α) Die Verletzung der Ablieferungs- oder Anzeigepflicht macht auch schadenersatzpflichtig nach den Bestimmungen des BGB. § 823 Abs. 2, §§ 249 ff. Schadensersatzpflichtig ist besonders auch, wer nicht unverzüglich seiner Pflicht nachkommt, wenn dadurch das Wildpret Schaden leidet.

β) Wird durch ein Kraftfahrzeug Wild[14]) beschädigt oder getötet, so haftet der Halter des Fahrzeugs dem Jagdausübungsberechtigten nach dem Gesetz über den Verkehr mit Kraftfahrzeugen (§§ 7 ff.), auch wenn den Halter ein Verschulden nicht trifft (Gefährdungshaftung). Halter des Kraftfahrzeugs ist nach ständiger Rechtsprechung des Reichsgerichts, wer das Fahrzeug für eigene Rechnung im Gebrauch hat und zugleich die umfassende Verfügungsgewalt darüber besitzt, die dieser Gebrauch voraussetzt[15]). Halter wird also in der Regel der Eigentümer oder Besitzer sein.

Die Ersatzpflicht ist nur dann ausgeschlossen, wenn der Unfall durch ein unabwendbares Ereignis verursacht wird, das weder auf einem Fehler in der Beschaffenheit des Fahrzeugs noch auf einem Versagen seiner Vorrichtungen beruht. Als unabwendbar gilt ein Ereignis besonders dann, wenn es auf das Verhalten des Wildes zurückzuführen ist und sowohl der Halter als der Führer des Kraftfahrzeuges jede nach den Umständen des Falles gebotene Sorgfalt beobachtet hat (§ 7 Abs. 2)[16]).

Neben dem Halter haftet auch der Führer nach Maßgabe des § 18. Halter und Führer haften als Gesamtschuldner (BGB. § 840). Die Auseinandersetzung zwischen Führer und Halter er-

---

14) Schalen- oder anderes Wild.

15) RGZ. 120 S. 159; 127 S. 174; 141 S. 400.

16) Bei den sog. Schwarzfahrten s. Kraftfahrzeuggesetz § 7 Abs. 3.

folgt unter Berücksichtigung etwaiger vertraglicher Beziehungen (Dienstvertrag) nach BGB. §§ 426, 254.

Bei Übungs- und Prüfungsfahrten haftet neben dem Halter der Fahrlehrer oder der Sachverständige; der Fahrschüler haftet nur nach den allgemeinen Vorschriften des BGB. über unerlaubte Handlungen (§ 823); eine unerlaubte Handlung liegt besonders vor, wenn der Schüler den Anordnungen des Lehrers sich nicht fügen würde.

γ) Wird durch ein anderes Fahrzeug Wild beschädigt, so bestimmt sich die Haftung nach BGB. §§ 823 ff.

δ) Über die Frage der Haftpflicht des Betriebsunternehmers der Eisenbahn siehe meinen Kommentar zum Reichsjagdgesetz, Vorbem. zu §§ 5 bis 11 Ziff. V 5 b dd S. 22.

B.

AusfV. § 5 (II. AusfV. Art. 2): Jagdausübung auf Eigenjagdbezirken.

I. Altes Recht.

Nach RJG. § 5 Abs. 2 ist auf einem Eigenjagdbezirk jagdausübungsberechtigt der Eigentümer oder Nutznießer des Grund und Bodens. Eigentum oder Nießbrauch kann nicht nur einer einzelnen Person, sondern auch einer Personenmehrheit oder einer juristischen Person zustehen[17]). Die Zahl der Jagdausübungsberechtigten ist beschränkt[18]). Sind hiernach nicht sämtliche Eigentümer oder Nutznießer jagdaus-

---

[17]) Näheres s. meine Abhandlung „Entstehen und Bildung der Jagdbezirke", Verlag P. Parey, Berlin S. 19 ff.

[18]) AusfV. § 5 Abs. 2, nun 3, Satz 1 (für unverpachtete Eigenjagdbezirke) und Abs. 3 nun 4 Satz 1 (für verpachtete Eigenjagdbezirke).

übungsberechtigt, so müssen die Jagdausübungsberechtigten vor Beginn der Jagdausübung dem Kreisjägermeister namhaft gemacht werden[19].

Die Jagd wird durch Verpachtung oder durch angestellte Jäger (RJG. § 39 Abs. 8) genutzt[20]. Der Eigenjagdbesitzer muß aber — abgesehen von RJG. § 42 — die Jagd nicht nutzen; er kann sie auch ruhen lassen. Er braucht alsdann, obwohl er jagdausübungsberechtigt ist, keinen Jagdschein. Er ist infolgedessen auch nicht Mitglied des Reichsbundes „Deutsche Jägerschaft" und unterliegt nicht deren Ehrengerichtsbarkeit. Dieser Zustand ist im Interesse einer ordnungsgemäßen Jagdpflege nicht wünschenswert.

II. Neues Recht.

1. Nunmehr muß der Eigentümer oder Nutznießer eines unverpachteten Eigenjagdbezirks, der nicht Inhaber eines Jahresjagdscheines ist, dem Kreisjägermeister den Inhaber eines Jahresjagdscheins als Jagdausübungsberechtigten namhaft machen.

2. Auch die vom Eigentümer oder Nutznießer dem Kreisjägermeister als Jagdausübungsberechtigte Benannten (Ziff. I Abs. 1) müssen nun Inhaber eines Jahresjagdscheins sein; ein angestellter Jäger kann auch namhaft gemacht werden. Der Benannte ist alsdann an Stelle des Eigenjagdbesitzers Jagdausübungsberechtigter im Sinne des Gesetzes und hat alle Rechte und Pflichten eines solchen insbesondere bezüglich der Abschußmeldung, der Wildfütterung, der Bekämpfung der Wildseuchen, sodann nach der Wildverkehrsordnung; bei Verletzung seiner Pflicht kann er vor den Jägerehrengerichten zur Rechenschaft gezogen werden.

Es ist also nunmehr Vorsorge getroffen, daß in allen (verpachteten und unverpachteten) Eigen-

---

19) AusfV. § 5 Abs. 2 nun 3 Satz 2.
20) RJG. § 5 Abs. 2 Satz 2.

jagdbezirken stets mindestens ein Inhaber eines Jahresjagdscheines vorhanden ist, der für einen ordnungsmäßigen Jagdbetrieb im Eigenjagdbezirk verantwortlich ist.

C.

AusfV. § 6 Abs. 6 (II. AusfV. Art. 3): Nichteinrechnung von Ländereien in die Mindestgröße eines Jagdbezirks.

I. Altes Recht.

Natürliche und künstliche Wasserläufe, Wege, Triften und Eisenbahnkörper sowie ähnliche Grundflächen bilden, wenn sie nach Umfang und Gestalt für sich allein eine ordnungsmäßige Jagdausübung nicht gestatten, keinen Jagdbezirk für sich und stellen auch den Zusammenhang zur Bildung eines Jagdbezirkes zwischen getrennt liegenden Grundflächen nicht her[21]). Sie sind benachbarten Jagdbezirken anzugliedern[22]). Ländereien, die an ihrer breitesten Stelle weniger als 200 m breit, aber mehr als 400 m lang sind, sog. Schmalflächen (Bindfaden- oder Handtuchstreifen) bilden nach ausdrücklicher Bestimmung nie einen Jagdbezirk und stellen den Zusammenhang zur Bildung eines Jagdbezirks zwischen Grundstücksteilen niemals her[23]).

Für die Eigenjagdbezirke ist bestimmt, daß der Längenzug all der genannten Flächen (RJG. § 6 Abs. 2) bei der Berechnung der Größe nicht in Ansatz zu bringen ist, selbst wenn die Flächen im Eigentum des Eigenjagdbesitzers stehen[24]). Bei der Berechnung der Größe des gemeinschaftlichen Jagdbezirks werden

---

21) RJG. § 6 Abs. 2.
22) AusfV. § 6 Abs. 6 Satz 1.
23) AusfV. § 6 Abs. 6 Satz 3.
24) AusfV. § 8 Abs. 1.

alle zusammenhängenden Grundflächen einer Gemeinde oder abgesonderten Markung — abgesehen von den Eigenjagdbezirken — in Ansatz gebracht, auch wenn die Jagd auf ihnen ruht[25]).

II. Neues Recht.

Nun ist zur Beseitigung von Zweifeln ausdrücklich festgelegt, daß die sog. Schmalflächen als Längenzüge bei der Berechnung der Größe der Jagdbezirke nicht mitgerechnet werden. Die Bestimmung bezieht sich nicht nur auf Eigen-, sondern auch auf gemeinschaftliche Jagdbezirke.

Das gleiche muß dem Sinn des Gesetzes entsprechend auch für die übrigen im RJG. § 6 Abs. 2 bezeichneten Flächen (Wasserläufe, Wege usw.) gelten.

D.

AusfV. § 7 Abs. 2 (II. AusfV. Art. 4): Jagdausübung auf befriedeten Grundstücken.

I. Altes Recht.

Nach AusfV. § 7 Abs. 2 darf der Eigentümer oder Nutzungsberechtigte[26]) von befriedeten Grundflächen[27]) Raubwild[28]), mit schriftlicher Genehmigung des Kreisjägermeisters auch Ka-

---

25) AusfV. § 9 Abs. 1.

26) Nutzungsberechtigt ist nicht nur der dinglich, sondern auch der schuldrechtlich (obligatorisch) Nutzungsberechtigte, also nicht nur der Nießbraucher („Nutznießer" — RJG. § 5 Abs. 2 —), sondern auch der Pächter des befriedeten Grundstücks. Siehe OLG. Dresden, Urt. vom 12. 4. 1937 — 6 Ss 43/37 — (Deutsche Justiz 1937 S. 790).

27) Über befriedete Grundflächen s. RJG. § 7 Abs. 2 und 3; AusfV. § 7 Abs. 1.

28) Insbesondere Füchse, Dächse, Marder, Iltis und Raubvögel, wie Sperber, Hühnerhabicht, Bussard.

ninchen töten [29]) [30]), und für sich behalten [31]). Der Gebrauch der Schußwaffe ist nur mit schriftlicher Genehmigung des Kreisjägermeisters gestattet [32]); sie ist befristet zu erteilen. Eines Jagd-

---

[29]) Töten mit allen erlaubten Mitteln, also nicht nur fangen, sondern auch erschlagen. Zu beachten sind jedoch die sachlichen Verbote, sohin besonders das Verbot des Nachstellens von Federraubwild zur Nachtzeit (Zeit von 1 Stunde nach Sonnenuntergang bis 1 Stunde vor Sonnenaufgang), des Aufstellens von Schlingen und Tellereisen (RJG. § 35 Abs. 1 Nr. 4, 9).

Auch die Schonzeiten sind mangels einer ausdrücklichen Bestimmung im Gegensatz zu AusfV. § 9 Abs. 4 und § 42 Abs. 2 zu beachten, nachdem eine, wenn auch beschränkte Jagdausübung vorliegt (ebenso Klotz § 7 Anm. 8 S. 48; Mitzschke-Schäfer § 7 Anm. 2 S. 34; a. M. Behr-Ott-Nöth § 7 Anm. C 1 a S. 101).

Kaninchen, Sperber und Hühnerhabicht haben keine Schonzeit (AusfV. § 38 Abs. 3 Buchst. c, Abs. 4), Dächse haben Schußzeit vom 1. 7. bis 15. 1. (AusfV. § 38 Abs. 1 Ziff. 14 i. d. F. der V. des Reichsjägermeisters vom 10. 5. 1937 — Amtl. VerkBl. 1937/38 Nr. 8 = RMBlFv. S. 150 —), Marder haben Schußzeit vom 1. 12. bis 31. 1. (AusfV. § 38 Abs. 1 Ziff. 15), von Füchsen und Iltissen haben führende weibliche Stücke Schonzeit vom 16. 3. bis 15. 6. (AusfV. § 38 Abs. 3 Buchst. b i. d. F. der V. vom 24. 6. 1936 — RGBl. I S. 529 —), Mäuse- und Rauhfußbussarde haben Schußzeit vom 1. 9. bis 31. 3. (AusfV. § 38 Abs. 1 Ziff. 26).

Die Haltung eines gesunden, flugfähigen Raubvogels im Käfig lediglich aus Liebhaberei wird in der Regel den Tatbestand der Tierquälerei nach dem Reichstierschutzgesetz vom 24. 11. 1933 (RGBl. I S. 987) begründen (ME. v. 16. 6. 1934, BayStAnz. Nr. 133).

[30]) Das Notstandsrecht nach BGB. § 228 bleibt unberührt (siehe auch Fußnote 150).

[31]) Das im Notstandsrecht nach BGB. § 228 erlegte oder gefangene Wild muß aber an den Jagdausübungsberechtigten, hier also an den Eigentümer oder dinglich Nutzungsberechtigten abgeliefert werden.

[32]) Zu beachten ist aber AusfV. § 36 Abs. 1 n. F. (s. unten Buchst. S.). Unberührt bleiben auch die Verpflichtung zur Erwirkung eines Waffenscheins nach dem Gesetz über Schußwaffen und Munition vom 12. 4. 1928 (RGBl. S. 143) und das Verbot nach StGB. § 368 Nr. 7 (Schießen in gefährlicher Nähe von Gebäuden und feuerfangenden Sachen).

scheines bedarf es nicht. Die Ermächtigung darf Personen, welchen der Jagdschein nach RJG. § 23 versagt werden muß, nicht erteilt werden; sie ist jederzeit widerruflich.

II. Neues Recht.

1. Dieses Recht ist nunmehr besonders zugunsten der Besitzer von Gärten, Weinbergen und Anlagen ausgedehnt dahin, daß mit schriftlicher Genehmigung des Kreisjägermeisters auch Drosseln getötet werden dürfen. Auch dieses Wild darf der Eigentümer oder Nutzungsberechtigte für sich behalten.

Zu den Drosseln als jagdbare Tiere („Wild") gehören nicht nur die Krammetsvögel[33]), sondern nach ausdrücklicher Feststellung des Reichsforstmeisters und Preuß. Landesforstmeisters[34]) alle Drossel- (Turdus-) Arten, sohin auch Mistel-, Sing-, Rot-, Wanderdrosseln, Amseln, Ringdrosseln und Alpenringdrosseln[35]). Mit Rücksicht auf die starke Vermehrung der Drosseln hat der Reichsjägermeister die völlige Schonzeit der Drosseln bereits mit Erlaß vom 23. 8. 1935 R 3226 (Amtl. VerkBl. 1935/36 Nr. 35) aufgehoben und eine Schußzeit vom 1. 9. bis 30. 11. festgesetzt, zugleich wurde der Fang der Drosseln verboten[36]).

2. Im Hinblick auf die ab 1. 4. 1937 eingerichtete Gemeinschaftsjagdhaftpflichtversicherung[37]) darf der Kreisjägermeister die schriftliche Genehmigung zum Abschuß von Raubwild sowie zur Erlegung von Kaninchen und Drosseln (mit oder ohne Schußwaffe) nur erteilen, wenn die

---

[33]) RJG. § 2 Abs. 1 Buchst. b.

[34]) Erl. vom 17. 6. 1935 IV Nr. 2338.

[35]) Brehms Tierleben, 4. Aufl., Bd. IX S. 133 ff.

[36]) Die Nester der sämtlichen Drosselarten dürfen nicht beseitigt, die Eier nicht ausgenommen werden (AusfV. § 38 Abs. 5 Satz 1).

[37]) S. unten Buchst. K.

Haftpflichtversicherung eingegangen ist. Der Kreisjägermeister hat in diesen Fällen den Versicherungsbeitrag in Höhe von 4,20 *RM* bei der Ausstellung der schriftlichen Genehmigung zu erheben und auf den Genehmigungsschein den Vermerk zu setzen: „Der Inhaber ist durch die Deutsche Jägerschaft gegen Jagdhaftpflicht versichert; er hat hiefür einen Betrag von 4,20 *RM* bezahlt.“ Der Genehmigungsschein ist nur auf eine bestimmte Frist zu erteilen; sie darf niemals über den Schluß des laufenden Jagdjahres (1. 4. mit 31. 3.)[38]) hinausgehen. Wird die Genehmigung innerhalb desselben Jagdjahres derselben Person mehrmals erteilt, so gilt der Versicherungsschutz für die Gültigkeitsdauer aller Genehmigungsscheine. Die Kreisjägermeister sind auf Grund ausdrücklicher Ermächtigung auch zuständig zur Erteilung der Genehmigung in staatseigenen Jagden (RJG. § 55)[39]).

Zum Töten von Raubwild ohne Anwendung der Schußwaffe ist weder eine Genehmigung des Kreisjägermeisters noch der Nachweis der Jagdhaftpflichtversicherung erforderlich.

3. Die Genehmigung des Kreisjägermeisters hat hienach etwa zu lauten:

---

[38]) RJG. § 22 Abs. 2.

[39]) AllgVf. des Reichsjägermeisters vom 26. 4. 1937 IV 2221 (Amtl. VerkBl. 1937/38 Nr. 7); Erl. des Reichsjägermeisters vom 10. 4. 1937 IV Nr. 1938 (RMBlFv. S. 110); über die Führung der Liste und die rechnerische Behandlung der eingehobenen Beiträge durch die Kreisjägermeister s. die erwähnte Allg. Vf. vom 26. 4. 1937.

Der Inhaber ist durch die Deutsche Jägerschaft gegen Jagdhaftpflicht versichert; er hat hiefür einen Betrag von 4.20 RM bezahlt.

Genehmigung

Dem ....
(Name, Stand, Wohnort)

....

als Eigentümer* / Nutzungsberechtigten* der befriedeten Grundfläche

....
(Beschreibung)

wird auf Grund der Ausführungsverordnung zum Reichsjagdgesetz vom 27. 3. 1935 in der Fassung der Verordnung vom 5. 2. 1937 (RGBl. I 1935 S. 431, 1937 S. 179) § 7 Abs. 2 in jederzeit widerruflicher Weise die Genehmigung erteilt, Raubwild [1])*, Kaninchen* und Drosseln* zu töten und für sich zu behalten. Der Gebrauch der Schußwaffe ist .... gestattet*.
Die sachlichen Verbote [2]) und die Schonzeiten [3]) sind zu beachten.
Die Genehmigung gilt für die Zeit vom .... 19.... bis .... 19.... [4])

.............................., den .... 19....

Der Kreisjägermeister des

Jagdkreises ....

....

---

* Durchstreichen was nicht zutrifft.

[1]) Die Genehmigung zum Töten von Raubwild ist nur bei Gebrauch der Schußwaffe erforderlich.

[2]) RJG. § 35, AusfV. z. RJG. § 35 i. d. F. vom 13. 2. 1937 (RGBl. 1937 I S. 179, 268). Der Fang von Drosseln ist verboten.

[3]) Siehe besonders AusfV. z. RJG. § 38 i. d. F. der V. v. 24. 6. 1936 (RGBl. I S. 529: Schonzeit für führende weibliche Stücke von Füchsen und Iltissen vom 16. 3. — 15. 6.), V. vom 10. 5. 1937 (Amtl. Verk. Bl. 1937/38 Nr. 8: Schußzeit für Dächse v. 1. 7. — 15. 1.). Drosseln haben Schußzeit v. 1. 9. — 30. 11 (Erl. v. 23. 8. 1935 R 3226 — Amtl. Verk. Bl. 1935/36 Nr. 35 —).

[4]) Die Genehmigung darf sich niemals über den Schluß des Jagdjahres (31. März) hinaus erstrecken.

3. Strafbestimmungen.

a) Der Eigentümer oder dinglich Nutzungsberechtigte (Nießbraucher) von befriedeten Grundflächen begeht eine Übertretung nach AusfV. § 60 Abs. 2 Nr. 4, wenn er

α) die Jagd auf andere Tiere als Raubwild, Kaninchen und Drosseln ausübt; eine Jagdwilderei nach StGB. § 292 begeht er nicht, weil er ein fremdes Jagdrecht nicht verletzt; denn das Jagdrecht des Grundeigentümers und — bei dinglichem Nießbrauch — des Nießbrauchers besteht trotz Ruhens der Jagd fort [39a]);

β) ohne schriftliche Genehmigung des Kreisjägermeisters Raubwild mit der Schußwaffe erlegt;

γ) ohne schriftliche Genehmigung des Kreisjägermeisters Kaninchen und Drosseln erlegt, gleichgültig ob mit oder ohne Schußwaffe.

b) Der schuldrechtlich (obligatorisch) Nutzungsberechtigte (Pächter) macht sich objektiv eines Vergehens der Jagdwilderei nach StGB. n. F. §§ 292 ff. schuldig, wenn er anderes Wild als Raubwild, Kaninchen und Drosseln tötet und für sich behält [40]).

39a) OLG. Dresden, Urt. vom 12. 4. 1937 — 6 Ss 43/37 — (Deutsche Justiz 1937 S. 790).

40) Das (nichtjagdbare) Raubzeug, z. B. Krähen, Wiesel, Eichhörnchen, darf auch in befriedeten Bezirken jeder sich aneignen; er muß jedoch die Bestimmungen der Naturschutzverordnung vom 18. 3. 1936 (RGBl. I S. 181), StGB. § 367 Nr. 8 (Verbot des Auslegens von Selbstgeschossen, Schlageisen oder Fußangeln sowie des Schießens an bewohnten oder von Menschen besuchten Orten ohne polizeiliche Erlaubnis), § 368 Nr. 7 (Schießen in gefährlicher Nähe von Gebäuden und feuerfangenden Sachen), § 368 Nr. 10 (Betreten fremden Jagdgebietes außerhalb der zum allgemeinen Gebrauch bestimmten Wege in Jagdausrüstung) sowie des Gesetzes über Schußwaffen und Munition vom 12. 4. 1928 (RGBl. S. 143) (Waffenschein) beachten.

E.

AusfV. § 8 Abs. 3 (II. AusfV. Art. 5 Abs. 1): Verzicht auf die Eigenschaft einer Grundfläche als Eigenjagdbezirk.

I. Altes Recht.

Der Eigentümer oder Nutznießer kann auf die Eigenschaft einer Grundfläche als Eigenjagdbezirk durch Erklärung gegenüber dem Kreisjägermeister verzichten. Die Grundflächen werden anderweit angegliedert. Sie werden durch die Angliederung rechtliche Bestandteile des Nachbarjagdbezirkes; das Recht der Jagdausübung geht auf den Jagdausübungsberechtigten dieses Jagdbezirkes über. Wenn die Jagdausübung auf den Grundflächen verpachtet ist, ist der Verzicht auf die Dauer des Pachtvertrages bindend und gilt als fortbestehend, wenn er nicht spätestens 6 Monate vor dem Ablauf des Pachtvertrages gegenüber dem Kreisjägermeister widerrufen wird. Der Verzicht bindet auch den Rechtsnachfolger [41]).

Dadurch soll der Jagdausübungsberechtigte des Nachbarjagdbezirks im Hinblick auf seine etwaigen Aufwendungen für die Jagd vor der Willkür des Eigenjagdbesitzers geschützt werden, damit dieser den Verzicht nicht jederzeit rückgängig machen kann.

II. Neues Recht.

Die Bestimmung ist nun dahin ergänzt, daß, wenn die Grundfläche einem unverpachteten Jagdbezirk angegliedert wird, der Verzicht bei Niederwildjagden auf die Dauer von 9 Jahren und bei Hochwildjagden [42]) auf die

---

[41]) AusfV. § 8 Abs. 3.

[42]) Hochwildjagd ist ein Jagdbezirk, für den regelmäßiger Abschuß von Hochwild vorgesehen ist; vereinzeltes Vorkommen von Hochwild als Wechselwild und Vorkommen von Schwarzwild allein macht eine Nieder-

Dauer von 12 Jahren gilt. Auch in diesem Falle bindet der Verzicht den Rechtsnachfolger.

Die Zeit von 9 und 12 Jahren entspricht der üblichen Dauer des Jagdpachtvertrages [43]. Die Bestimmung ist besonders von Bedeutung für einen Eigenjagdbesitzer, dessen Jagdbezirk die Grundflächen angegliedert werden, wenn er die Jagd selbst ausübt oder auf seine Rechnung ausüben läßt.

F.

AusfV. § 8 Abs. 4 (II. AusfV. Art. 5 Abs. 2): Mindestgröße für Eigenjagdbezirke.

I. Altes Recht.

Maßgebend für die Mindestgröße der Eigenjagdbezirke waren RJG. § 8, die Überleitungsvorschriften der Landesregierungen [44]), AusfV. § 8 Abs. 4 und die Durchführungsvorschriften der Landes- und Gaujägermeister [45]); diese waren vom Reichsjägermeister zur Bestimmung der Mindestgröße vorbehaltlich seiner Zustimmung allgemein besonders ermächtigt [46]). Die Mindestgröße wies hienach eine, wenn auch nicht sehr große Verschiedenheit in den einzelnen Ländern und Jagdgauen auf [47]).

---

wildjagd nicht zur Hochwildjagd (AusfV. § 12 Abs. 2). Das Vorkommen von Auerwild allein macht in Bayern eine Jagd nicht zur Hochwildjagd (V. d. Landesjägermeisters für das Land Bayern vom 12. 7. 1935 — GVBl. S. 571 — Ziff. 16). Zum Hochwild gehören: Wisent-, Elch-, Rot-, Dam-, Sika-, Stein-, Muffel-, Gams-, Schwarzwild und Auerwild. Alle übrigen Wildarten gehören zum Niederwild (RJG. § 2 Abs. 3).

[43]) RJG. § 12 Abs. 3 Satz 2.

[44]) Siehe mein Kommentar zum RJG., Kommunalschriftenverlag J. Jehle, München, S. 165 ff.

[45]) a. a. O. S. 176 ff.

[46]) Erlaß vom 5. 4. 1935 Nr. IV 44 — abgedruckt in meinem Kommentar S. 176 —.

[47]) S. meine Abhandlung „Entstehen und Bildung der Jagdbezirke", Verlag von P. Parey, Berlin, S. 24 ff.

II. Neues Recht.

Vom 1. 4. 1937 ab ist die Mindestgröße für die meisten Länder nun einheitlich festgelegt und zwar für bestehende Eigenjagdbezirke auf 75 ha, für neu zu bildende Eigenjagdbezirke — mit Ausnahme von Erbhöfen — auf 125 ha. Dadurch ist eine sicherlich wünschenswerte Einheit geschaffen. Nur in den Ländern Bayern, Sachsen, Württemberg und Baden verbleibt es mit Rücksicht auf ihre besonderen Verhältnisse bei der bisherigen Regelung [48]).

Zugleich wurde der Reichsjägermeister ermächtigt, die Mindestgröße auch künftig den Bedürfnissen anzupassen. Die anderweite Festsetzung wird innerhalb des Rahmens des RJG. § 8 Abs. 2 zu erfolgen haben.

G.

AusfV. § 9 Abs. 2 (II. AusfV. Art. 6): Mindestgröße für gemeinschaftliche Jagdbezirke.

I. Altes Recht.

Maßgebend für die Mindestgröße der gemeinschaftlichen Jagdbezirke waren RJG. § 9 Abs. 1 und 2, die Überleitungsvorschriften der Landesregierungen [49]), AusfV. § 9 Abs. 2, die Durchf.-Vorschr. der Landes- und Gaujägermeister [50]); diese waren vom Reichsjägermeister zur Bestimmung der Mindestgröße vorbehaltlich seiner Zustimmung allgemein besonders ermächtigt [51]). Auch hier war wie bei den Eigenjagdbezirken die

---

[48]) a. a. O. S. 25, für Bayern s. Zusammenstellung S. 104.

[49]) S. mein Kommentar zum RJG., Kommunalschriftenverlag J. Jehle, München, S. 165 ff.

[50]) a. a. O. S. 176 ff.

[51]) Erlaß des Reichsjägermeisters vom 5. 4. 1935 Nr. IV 44, abgedruckt in meinem Kommentar S. 176.

Mindestgröße in den einzelnen Ländern und Gauen teilweise verschieden[52]).

II. Neues Recht.

Vom 1. 4. 1937 ab ist die Mindestgröße für die meisten Länder nun einheitlich festgesetzt und zwar auf 250 ha entsprechend RJG. § 9 Abs. 1. Nur in den Ländern Bayern, Sachsen, Württemberg und Baden verbleibt es mit Rücksicht auf ihre besonderen Verhältnisse bei der bisherigen Regelung[53]).

Zugleich wurde der Reichsjägermeister ermächtigt, die Mindestgröße auch künftig entsprechend den Bedürfnissen anderweit festzusetzen. RJG. § 9 Abs. 2 wird dabei zu beachten sein.

H.

AusfV. § 12 Abs. 5 (II. AusfV. Art. 7 Abs. 1): Ausnahmen von RJG. § 12 Abs. 4.

I. Altes Recht.

Nach RJG. § 12 Abs. 4 darf Pächter eines (Eigen- oder gemeinschaftlichen) Jagdbezirkes nur sein, wer mindestens 3 Jahre im Deutschen Reich Inhaber eines Jahresjagdscheins gewesen ist und den Nachweis führt, daß er Mitglied der Deutschen Jägerschaft ist oder daß seiner Aufnahme in die Deutsche Jägerschaft nichts im Wege steht. Für Jagdpachtverträge, die vor dem 1. 4. 1935 abgeschlossen wurden, galt die Vorschrift, daß der Pächter mindestens 3 Jahre lang Inhaber eines Jahresjagdscheins gewesen ist, nicht[54]). Der Besitz des Jahresjagdscheins ist

---

[52]) S. meine Abhandlung „Entstehen und Bildung der Jagdbezirke". Verlag von P. Parey, Berlin, S. 36 ff.

[53]) a. a. O. S. 37 ff., für Bayern s. Zusammenstellung S. 104.

[54]) AusfV. § 66 Abs. 1 Satz 2. Über den Zeitpunkt des Abschlusses des Jagdpachtvertrages siehe meine Abhandlung „Entstehen und Bildung der Jagdbezirke". Verlag von P. Parey, Berlin, S. 29.

vor Abschluß des Pachtvertrages nachzuweisen; davon kann mit Genehmigung des Gaujägermeisters nur ausnahmsweise abgesehen werden[55]). Nach dem Abschluß des Pachtvertrages ist der Besitz des Jahresjagdscheins Voraussetzung für die Gültigkeit des Jagdpachtvertrages.

II. Neues Recht.

Nunmehr ist bestimmt, daß der Gaujägermeister von den Vorschriften des RJG. § 12 Abs. 4 Ausnahmen zulassen kann. Er kann also gestatten, daß Pächter wird, wer noch nicht drei Jahre Inhaber eines Jahresjagdscheins gewesen ist, z. B. die Erben des Jagdpächters[56]), und daß der Pächter nach Abschluß des Pachtvertrages einen Jahresjagdschein nicht erwirbt, z. B. wenn ein Eigenjagdbesitzer, der die Jagd nicht selbst ausübt und deshalb keinen Jagdschein besitzt, eine sog. Schutzjagd anpachtet. Der Gaujägermeister kann künftig in diesen Fällen Ausnahmen zulassen, wenn jagdliche oder sonstige Belange dies als billig erscheinen lassen.

I.

AusfV. § 12 Abs. 6, § 19, § 24, § 56 Abs. 2 (II. AusfV. Art. 7 Abs. 3, Art. 8, 11, 21): Personen, die das Reichsbürgerrecht nicht besitzen.

I. Altes Recht.

Nach AusfV. § 12 Abs. 5 (nun 6) Satz 2 und 3 entscheidet der Reichsjägermeister, ob ein Ausländer zur Pachtung von Jagden zuzulassen ist. Der Bescheinigung, daß er einen Jahresjagdschein erwerben darf, bedarf es in diesem Falle nicht. Das gleiche gilt nach Satz 4 für Personen, denen der Inländerjahresjagdschein erteilt wurde mit dem Vermerk, daß eine Auf-

---

55) AusfV. § 12 Abs. 4 Satz 2 und 3.
56) RJG. § 18 Abs. 2.

nahme in die Deutsche Jägerschaft durch die Erteilung nicht erfolgt (AusfV. § 56 Abs. 2).

II. Neues Recht.

1. Die Änderungen passen die AusfV. dem Reichsbürgergesetz vom 15. 9. 1935 (RGBl. I S. 1146) an, das nach dem Inkrafttreten des RJG. und der AusfV. erlassen wurde.

a) Reichsbürger ist nur der Staatsangehörige [57] deutschen oder artverwandten Blutes [58], der durch sein Verhalten beweist, daß er gewillt und geeignet ist, in Treue dem deutschen Volke und Reich zu dienen [59].

Das Reichsbürgerrecht wird durch Verleihung des Reichsbürgerbriefes erworben [60]. Bis zum

---

[57]) Staatsangehöriger ist, wer dem Schutzverband des Deutschen Reiches angehört und ihm dafür besonders verpflichtet ist. Die Staatsangehörigkeit wird nach den Vorschriften des Reichs- und Staatsangehörigkeitsgesetzes erworben (Reichsbürgergesetz § 1). Siehe Reichs- und StaatsangehG. vom 22. 7. 1913/5. 11. 1923 (RGBl. 1913 S. 583, 1923 S. 1077), V. über die deutsche Staatsangehörigkeit vom 5. 2. 1934 (RGBl. I S. 85); Ges. zur Änderung des Reichs- und StaatsangehG. vom 15. 5. 1935 (RGBl. I S. 593); Ges. über den Widerruf von Einbürgerungen und die Aberkennung der deutschen Staatsangehörigkeit vom 14. 7. 1933 und DurchfV. hiezu vom 26. 7. 1933 (RGBl. I S. 480, 538).

[58]) Das deutsche Blut entstammt der nordischen, fälischen, dinarischen, westischen, ostischen und ostbaltischen Rasse. Die übrige Bevölkerung Europas ist aus denselben Rassen entstanden, nur daß jeweils die eine oder andere Rasse vorwiegt und dem Volke den Stempel ihrer besonderen Eigenart aufdrückt. Dem deutschen Blute artverwandt sind daher im wesentlichen die Angehörigen aller übrigen Völker Europas und ihrer reinblütigen Nachkommen in anderen Erdteilen. Ausgeschlossen sind aber die unter diesen Völkern lebenden Fremdrassigen, besonders die Juden (Pfundtner-Neubert, Das neue deutsche Reichsrecht I a 23 S. 7). Der Begriff des deutschen oder artverwandten Blutes tritt an die Stelle des bisher üblichen Begriffes der „arischen Abstammung".

[59]) Reichsbürgergesetz § 2 Abs. 1.

[60]) Reichsbürgergesetz § 2 Abs. 3.

Erlaß weiterer Vorschriften über den Reichsbürgerbrief gelten vorläufig als Reichsbürger die Staatsangehörigen deutschen oder artverwandten Blutes [58]), die beim Inkrafttreten des Reichsbürgergesetzes [61]) das Reichstagswahlrecht besessen haben, oder denen der Reichsminister des Innern im Einvernehmen mit dem Stellvertreter des Führers das vorläufige Reichsbürgerrecht verleiht [62]). Der Reichsminister des Innern kann im Einvernehmen mit dem Stellvertreter des Führers das vorläufige Reichsbürgerrecht entziehen [63]).

b) Ein Jude kann nicht Reichsbürger sein [64]).

Jude ist, wer von mindestens drei der Rasse nach volljüdischen Großeltern abstammt (Volljuden — 4 reinrassige jüdische Großeltern — und Dreivierteljuden — 3 reinrassige jüdische Großeltern —) [64a]).

Als volljüdisch gilt ein Großelternteil ohne weiteres, wenn er der jüdischen Religionsgesellschaft angehört hat [65]).

Als Jude gilt auch der von 2 volljüdischen Großeltern abstammende staatsangehörige jüdische Mischling (Halbjude),

α) der bei Erlaß des Reichsbürgergesetzes der jüdischen Religionsgemeinschaft angehört hat oder danach in sie aufgenommen wird;

β) der beim Erlaß des Reichsbürgergesetzes mit einem Juden verheiratet war oder sich danach mit einem solchen verheiratet;

---

[61]) Das Reichsbürgergesetz ist am 16. 9. 1935 im Reichsgesetzblatt verkündet worden; es ist am 14. Tage nach Ablauf des Ausgabetages, also am 30. 9. 1935, in Kraft getreten.

[62]) Erste V. zum Reichsbürgergesetz vom 14. 11. 1935 (RGBl. I S. 1333) § 1 Abs. 1.

[63]) a. a. O. § 1 Abs. 2.

[64]) a. a. O. § 4.

[64a]) a. a. O. § 5 Abs. 1 Satz 1.

[65]) a. a. O. § 5 Abs. 1 Satz 2 mit § 2 Abs. 2 Satz 2 (unwiderlegbare gesetzliche Vermutung).

γ) der aus einer Ehe mit einem Juden im Sinne des Abs. 2 stammt, die nach dem Inkrafttreten des Gesetzes zum Schutze des deutschen Blutes und der deutschen Ehre vom 15. 9. 1935 (RGBl. I S. 1146)[66]) geschlossen ist;

δ) der aus dem außerehelichen Verkehr mit einem Juden i. S. des Abs. 2 stammt und nach dem 31. 7. 1936 außerehelich geboren wurde[67]).

Staatsangehörige jüdische Mischlinge sind den deutschblütigen (Buchst. a) gleichgestellt. Jüdischer Mischling ist, wer von einem oder zwei der Rasse nach volljüdischen Großelternteilen abstammt (Vierteljude und Halbjude), sofern er nicht als Jude gilt (Abs. 3). Als volljüdisch gilt ein Großelternteil ohne weiteres, wenn er der jüdischen Religionsgesellschaft angehört hat[68]).

2. Die Änderungen der AusfV. sind folgende:

a) Personen, die nicht das Reichsbürgerrecht besitzen, dürfen nur mit Genehmigung des Reichsjägermeisters zur Pachtung von Jagden zugelassen werden[69]). Die Pachtung ist also grundsätzlich den Reichsbürgern vorbehalten.

b) Der Jagdpachtvertrag erlischt — unbeschadet der Bestimmung nach Buchst. a — wenn dem Pächter das Reichsbürgerrecht aberkannt oder nicht verliehen wird[70]). Personen, die das Reichsbürgerrecht nicht besitzen und am 1. 4. 1937 Jagdpächter sind, müssen also beim Reichsjägermeister um Erteilung der Genehmigung nachsuchen.

---

[66]) Das Gesetz ist in Kraft getreten am 17. 9. 1935.

[67]) Erste V. zum Reichsbürgergesetz vom 14. 11. 1935 § 5 Abs. 2.

[68]) a. a. O. § 2.

[69]) II. AusfV. Art. 7 Abs. 3.

[70]) II. AusfV. Art. 8.

c) Der Jagdschein kann Personen versagt werden, die nicht das Reichsbürgerrecht besitzen[71]).

d) Personen, die nicht das Reichsbürgerrecht besitzen, werden nicht in die Deutsche Jägerschaft aufgenommen. Der Reichsjägermeister kann Ausnahmen zulassen[72]).

K.

AusfV. § 22 Abs. 5 Buchst. a, § 23, § 27 (II. AusV. Art. 9 Abs. 1, Art. 10, Art. 12 Abs. 1, Art. 24): Jagdhaftpflichtversicherung.

I. Altes Recht.

1. Nach RJG. § 23 Nr. 7 muß der Jagdschein versagt werden Personen, die keine ausreichende Jagdhaftpflichtversicherung nachweisen. Dem Gesuch auf Ausstellung eines Jagdscheines war ein schriftlicher Nachweis (Bestätigung) beizufügen, daß der Antragsteller gegen Jagdhaftpflicht mit mindestens 150 000 RM für Personenschaden und 15 000 RM für Sachschaden versichert ist[73]). Die Bestimmung ist nachgebildet dem Preuß. Jagdgesetz vom 18. 1. 1934 § 27 Abs. 3 Buchst. a.

2. Die Folgen dieser Bestimmungen waren, daß die Versicherungsgesellschaften versuchten, die Beiträge zu erhöhen. Während früher die Beiträge für die Versicherung in der genannten Höhe 8 RM und 0,40 RM Steuer betrug, hat der „Verband der in Deutschland arbeitenden Unfall- und Haftpflichtversicherungsgesellschaften, Berlin" beschlossen, daß die Beiträge auf 20,50 RM festgesetzt werden. Der Reichsjägermeister hat gegen diesen Beschluß Einspruch erhaben; nach längeren Verhandlungen wurden die Beiträge festgesetzt wie folgt:

---

71) II. AusfV. Art. 11.
72) II. AusfV. Art. 21.
73) AusfV. § 22 Abs. 5 Buchst. a.

a) Jäger, Jagdpächter und Jagdveranstalter ohne Hund oder mit 1 Hund . . . . . . 12,90 RM
b) Inhaber einer Helgoländer Jagdkarte ohne Hund oder mit 1 Hund . . . . . . 10,— „
c) jeder weitere Jagdhund zu Buchst. a und b . . . . . 6,— „
d) Förster, Forstbeamte, Jagdaufseher und Feldhüter einschließlich der Haltung von Jagdhunden (ohne Rücksicht auf ihre Zahl) . . . . . 9,— „

Kollektiv-Jagdhaftpflichtversicherungsverträge waren nicht mehr zulässig [74]).

Alte Versicherungsverträge, die nicht gekündigt wurden, liefen nach den allgemeinen Versicherungsbedingungen § 10 Abs. 1 weiter.

II. Neues Recht.

1. a) Vom Jagdjahr 1937/38 ab wurde von der Deutschen Jägerschaft eine Gemeinschaftsversicherung gegen Jagdhaftpflicht abgeschlossen. Zur Teilnahme an dieser Versicherung sind alle Jagdscheininhaber nach Maßgabe der vom Reichsjägermeister getroffenen Anordnung verpflichtet [75]).

Zu beachten ist besonders, daß der Versicherungsschutz beginnt mit dem Zeitpunkt der Er-

---

[74]) Siehe Erlaß des Reichsjägermeisters vom 15. 3. 1935 Nr. IV 7616 (Entschl. des Landesjägermeisters für das Land Bayern vom 18. 3. 1935 Nr. 682); Erl. des Reichsjägermeisters vom 21. 2. 1936 R 752, vom 30. 3. 1936 R 752, vom 25. 4. 1936 zu R 752; Amtl. VerkBl. 1935/36 Nr. 49, 1936/37 Nr. 1, 5.

[75]) II. AusfV. Art. 9 Abs. 1, Art. 10; Erl. des Reichsjägermeisters vom 18. 2. 1937 IV 981 über Gemeinschaftsversicherung gegen Jagdhaftpflicht und Teilnahmepflicht der Jagdscheininhaber (Deutscher Reichs- und Preuß. Staatsanz. Nr. 46 = RMBlFv. S. 55 = Amtl. VerkBl. 1936/37 Nr. 48), abgedruckt in meinem Kommentar Nachtrag S. 13.

teilung (Aushändigung) des Jagdscheines, des Ausweises nach AusfV. n. F. § 42 Abs. 3 und der Helgoländer Jagdkarte[75a]); die Mitgliedschaft zur Deutschen Jägerschaft (Satzung § 11 Satz 2) genügt also nicht. Das ist besonders für die Hundebesitzer wichtig.

b) Die Deckungssumme ist die gleiche: 150000 *RM* für Personenschaden, 15000 *RM* für Sachschaden[76]).

c) Die Beiträge wurden festgesetzt:

α)	für die Inhaber von unentgeltlichen Jahresjagdscheinen	8,40 *RM*
β)	für die Inhaber sonstiger Jahresjagdscheine, des Ausweises gem. AusfV. n. F. § 42 Abs. 3 und der Helgoländer Jagdkarte	10,50 „
γ)	für Inhaber von Tagesjagdscheinen	2,10 „[77])
δ)	für Inhaber der schriftlichen Genehmigung des Kreisjägermeisters nach AusfV. § 7 Abs. 2 (Abschuß von Raubwild sowie Erlegung von Kaninchen und Drosseln in befriedeten Bezirken), § 9 Abs. 4 und § 42 Abs. 2 (Fang und Erlegung bestimmter der Fischerei schädlicher Tiere mit der Schußwaffe durch die Fischereiberechtigten) . . .	4,20 „[78])

[75a]) Erl. vom 18. 2. 1937 § 5 Abs. 1.

[76]) Erl. vom 18. 2. 1937 § 6.

[77]) Erl. vom 18. 2. 1937 § 7.

[78]) AllgVf. 29 des Reichsjägermeisters vom 26. 4. 1937 IV 2221 (Amtl. VerkBl. 1937/38 Nr. 7).

d) Die Beiträge für Buchst. c, α—γ erhebt die untere Verwaltungsbehörde mit der Gebühr für den Jagdschein [79]).

Den Beitrag zu Buchst. c, δ erhebt der Kreisjägermeister bei Ausstellung der Ausweise. Er setzt auf die Genehmigungsscheine, die stets für eine bestimmte Frist, niemals aber über den Schluß des laufenden Jagdjahres (1. 4. bis 31. 3.) [80]) hinaus ausgestellt werden dürfen, den Vermerk: „Der Inhaber ist durch die Deutsche Jägerschaft gegen Jagdhaftpflicht versichert; er hat hiefür einen Betrag von 4,20 *RM* bezahlt." Wird innerhalb desselben Jahres der Genehmigungsschein derselben Person mehrmals erteilt, so gilt der Versicherungsschutz für die Gültigkeitsdauer aller Genehmigungsscheine. Die Kreisjägermeister sind auf Grund ausdrücklicher Ermächtigung auch zuständig zur Erteilung der Genehmigung in staatseigenen Jagden (RJG. § 55) [81]).

e) Die Verpflichtung eines Versicherers aus einem J a g d h a f t p f l i c h t v e r s i c h e r u n g s v e r t r a g, d e r ü b e r d e n A b l a u f d e s 31. 3. 1937 h i n a u s a b g e s c h l o s s e n i s t, fällt weg, soweit der Versicherte auf Grund der Gemeinschaftsversicherung versichert ist. Der Versicherte hat also vom 1. 4. 1937 ab die neuen Beiträge zu zahlen; etwa vorausbezahlte Beiträge kann

---

[79]) II. AusfV. Art. 12 Abs. 1; Anweisung des Reichsjägermeisters für die Ausstellung von Jagdscheinen, Helgoländer Jagdkarten und Ausweisen gem. AusfV. § 42 Abs. 3 vom 18. 2. 1937 (RMBliV. 1937 S. 461 = RMBlFv. S. 53 = Amtl. VerkBl. 1936/37 Nr. 48); Entschl. des bayer. MinPräs., LfV. vom 17. 3. 1937 Nr. F 2494 (RegAnz. Nr. 78), abgedr. in meinem Kommentar Nachtrag S. 18.

[80]) RJG. § 22 Abs. 2.

[81]) Fußnote 78 und Erl. des Reichsjägermeisters vom 10. 4. 1937 IV Nr. 1938 (RMBlFv. S. 110); über die Führung der Liste und die rechnerische Behandlung der eingehobenen Beiträge durch die Kreisjägermeister siehe die AllgVf. vom 26. 4. 1937.

er von seiner Versicherungsgesellschaft zurückfordern.

Ist er mit einer höheren Summe als 150 000 Reichsmark für Personenschaden und 15 000 RM für Sachschaden versichert, so bleibt er bei seiner Versicherungsgesellschaft weiterhin nach dem Vertrag mit dem die genannten Summen übersteigenden Betrag versichert; der Versicherungsbeitrag vermindert sich dem Werte entsprechend. Die Versicherungsgesellschaft kann die Minderung nicht ablehnen, jedoch eine angemessene Geschäftsgebühr (Verwaltungskostenbeitrag) verlangen[82]).

2. a) Die Gemeinschaftsversicherung gegen Jagdhaftpflicht erstreckt sich nicht auf die Versicherung der Hegeringleiter als Veranstalter und Leiter jagdlicher Schießen. Die Deutsche Jägerschaft hat jedoch eine besondere Versicherung abgeschlossen, wonach die Kreisjägermeister, Hegeringleiter und die Stellvertreter von beiden gegen die **gesetzliche Haftpflicht** aus Personen- und Sachschäden, die ihnen aus der Veranstaltung und Leitung der gemäß Erlaß des Reichsjägermeisters abzuhaltenden Übungsschießen, Preisschießen und Schießen zur Erlangung des ersten Jagdscheines erwachsen kann, versichert sind. Eingeschlossen gilt auch die gesetzliche Haftpflicht der Jägermeister aus sämtlichen Veranstaltungen, zu denen die Jägermeister nach dem Gesetz und den Anweisungen der vorgesetzten Dienstbehörde verpflichtet sind.

b) Außerdem sind alle Kreisjägermeister einschließlich der kommissarischen Kreisjägermeister durch eine **Sammelversicherung gegen Unfall** versichert und zwar im Falle des Todes bis zu 5000 RM, im Falle der Invalidität bis zu

---

[82]) II. AusfV. Art. 24.

15000 *RM* und für Heilungskosten bis zu 500 Reichsmark.

Die Versicherung umfaßt die bedingungsgemäßen Unfälle, von denen die Versicherten nachweislich unmittelbar in Erfüllung ihrer dienstlichen Obliegenheiten einschließlich des direkten Weges zu und von der Dienststätte betroffen werden. Ein direkter Weg kommt dann in Frage, wenn die normale Dauer des Weges bzw. dieser selbst durch rein private, eigenwirtschaftliche Maßnahmen nicht unterbrochen wird.

Die Versicherung gilt nur für Unfälle innerhalb und außerhalb der Büros, insbesondere auf Dienstreisen, bei Teilnahme an Veranstaltungen und Versammlungen, bei Jagdbesichtigungen und in dienstlichem Auftrag stattfindenden Jagden.

Dienstliche Reisen, Eisenbahn, Autofahrten wie auch Selbstlenken von Wagen gelten mitversichert.

Unfälle bei Motorradfahrten und Luftreisen sind von der Versicherung ausgeschlossen.

Etwa eintretende Schadensfälle hat der Kreisjägermeister auf dem Dienstweg dem Reichsjägermeister unverzüglich zu melden[83]).

3. Die Vorteile dieser neuen Regelung für den Jäger leuchten ohne weiteres ein:

a) Die Gemeinschaftsjagdhaftpflichtversicherung stellt sich dar als Kollektivversicherung zwischen dem Reichsbund „Deutsche Jägerschaft" und einem Versicherungsunternehmen; dieses errichtet zur Bearbeitung der Versicherungsfälle und zur Führung der Verhandlungen mit dem Versicherten eine Stelle mit der Bezeichnung „Jagdhaftpflichtversicherungsstelle für die deutschen Jäger, Berlin W 9, Bellevuestr. 14". Der einzelne Jäger braucht sich sohin um den Abschluß

---

[83]) Verf. der Deutschen Jägerschaft vom 5. 4. 1937 Nr. DJ 696, Rundschreiben S. 162.

der Versicherung nicht mehr zu kümmern. Der Jagdschein ist zugleich Ausweis für das Bestehen der Jagdhaftpflichtversicherung.

b) Die Versicherungsbeiträge sind niedriger als bisher; es besteht auch die Möglichkeit, daß der Reichsjägermeister die Beiträge weiter senkt, wenn sich herausstellt, daß geringere Beiträge zur Deckung der Schadensfälle genügen.

c) Die Zahlung der Versicherungsbeiträge ist vereinfacht insofern, als die Beiträge zugleich mit der Gebühr für den Jagdschein bei der unteren Verwaltungsbehörde eingezahlt werden.

d) Die Schadensfälle werden von der Deutschen Jägerschaft für die Versicherten geregelt mit einem Versicherungsträger auf Grund der gemeinsamen Versicherungsbedingungen. Dadurch wird zugleich eine gleichmäßige Behandlung der Schadensfälle gewährleistet.

Über die einzelnen Rechte und Pflichten des Versicherten siehe Erlaß des Reichsjägermeisters vom 18. 2. 1937 (Fußnote 75)[84].

L.

AusfV. § 22 Abs. 6 (II. AusfV. Art. 9 Abs. 2): Behandlung der Gesuche um Ausstellung der Jagdscheine durch den Kreisjägermeister.

I. Altes Recht.

Nach AusfV. § 22 Abs. 6 gab der Kreisjägerjägermeister das Gesuch um Ausstellung eines Jagdscheins, dem er stattgibt, an die untere Verwaltungsbehörde mit einem entsprechenden Vermerk weiter. Seine eigenen Verhandlungen insbesondere seine Erhebungen darüber, ob ein Verweigerungsgrund vorliegt, behielt er zurück.

---

[84]) Siehe auch Vollbach in „Deutsche Jagd“ 1936/37 Nr. 49 S. 1165.

II. Neues Recht.

Nunmehr gibt der Kreisjägermeister seine sämtlichen Verhandlungen an die untere Verwaltungsbehörde, die ja für die Erteilung oder Versagung des Jagdscheins verantwortlich ist, weiter. Dies bedeutet zugleich eine Entlastung der Verhandlungen des Kreisjägermeisters.

M.

AusfV. § 22 Abs. 10 (II. AusfV. Art. 9 Abs. 3): Ausstellung von Jagdscheinen an Ausländer, Staatenlose und Reichsangehörige, die ihren Wohnsitz im Ausland haben.

I. Altes Recht.

Personen, die nicht deutsche Reichsangehörige sind und in Deutschland keinen ständigen Wohnsitz haben, konnte ein Jagdschein nur mit schriftlicher Genehmigung des Gaujägermeisters erteilt werden. Auslandsdeutsche erhielten den Inländerjagdschein (AusfV. § 22 Abs. 10).

II. Neues Recht.

Ausländern[85]), Staatenlosen[86]) und Reichsangehörigen, die ihren Wohnsitz im Ausland haben[87]), kann ein Jagdschein nunmehr nur mit schriftlicher Genehmigung des Reichsjägermeisters erteilt werden. Er kann ihn auf bestimmte Gebiete beschränken. Reichsangehörige erhalten den Inländer-Jagdschein (II. AusfV. Art. 9 Abs. 3).

Die Bestimmung ist also insofern verschärft, als nunmehr nur der Reichsjägermeister, nicht

---

85) Personen, die eine fremde Staatsangehörigkeit besitzen.

86) Personen, die keine Staatsangehörigkeit haben.

87) Personen, die die deutsche Reichsangehörigkeit besitzen, aber im Inland keinen Wohnsitz nach BGB. § 3 haben.

mehr der Gaujägermeister die Genehmigung erteilt und daß eine örtliche Beschränkung möglich ist.

Über Behandlung von Anträgen auf Erteilung eines Jagdscheines für Ausländer s. Erl. des Reichsjägermeisters vom 10. 4. 1937 R 1594 — Amtl. VerkBl. 1937/38 Nr. 3 —.

N.

AusfV. § 22 Abs. 11 Buchst. c (II. AusfV. Art. 9 Abs. 4): Auch Jagdschutzberechtigte bedürfen eines Jagdscheines, wenn sie die Jagd ausüben.

I. Altes Recht.

Eines Jagdscheins bedurfte es nicht „zur Ausübung des Jagdschutzes“[88]. Der Jagdschutz umfaßt auch den Schutz des Wildes vor Raubwild[89] und Raubzeug[90][91]. Die Jagdschutzberechtigten[92], besonders die von der unteren Verwaltungsbehörde bestätigten Jagdaufseher konnten also Raub w i l d jagen, ohne einen Jagdschein zu besitzen. Sie durften auch Fallen zum Fang von Raubwild stellen[93]. Die Schon-

---

[88] AusfV. § 22 Abs. 11 Buchst. c.

[89] R a u b w i l d sind die jagdbaren Raubtiere (RJG. § 2), nämlich Ottern, Dachse, Füchse, Wildkatzen, Edel- und Steinmarder, Iltisse, Luchse sowie die Tag- und Nachtraubvögel.

[90] R a u b z e u g sind die nichtjagdbaren Raubtiere, wie große und kleine Wiesel, Bisamratten, Hamster, Eichhörnchen, die Raben-, Nebel- und Saatkrähen, die Dohlen, Elstern, Eichel- (Nuß-) Häher, Tannenhäher.

[91] RJG. § 40 Abs. 1.

[92] RJG. § 39 Abs. 1, AusfV. § 39 Abs. 1 und 2.

[93] Ebenso Erl. des Reichsjägermeisters vom 27. 2. 1936 Nr. R 1564 — mitgeteilt durch Entschl. des Landesjägermeisters für das Land Bayern vom 3. 3. 1936 Nr. 475 —; a. M. Mitzschke-Schäfer § 23 Anm. 11 zu b S. 114, die Jagdscheine für das Stellen von Fallen verlangen.

zeiten waren aber auch von ihnen einzuhalten. Wollten sie bei Ausübung des Jagdschutzes eine Schußwaffe führen, so benötigten sie einen von der Polizeibehörde ausgestellten Waffenschein nach dem Gesetz über Schußwaffen und Munition vom 12. 4. 1928 (RGBl. I S. 143).

Die Auslegung dieser Vorschrift war z. T. verschieden und abweichend von dieser Regelung [94]).

II. Neues Recht.

Die Bestimmung, wonach es „zur Ausübung des Jagdschutzes" eines Jagdscheines nicht bedarf, ist gestrichen. Nunmehr müssen auch die Jagdschutzberechtigten, besonders die Jagdaufseher, im Besitz eines Jagdscheines sein, soweit sie eine jagdliche Handlung ausüben; darunter fällt auch die Erlegung von Raubwild. Zur Führung einer Schußwaffe und zur Erlegung von Raubzeug mit einer solchen würde der Waffenschein genügen; der Reichsjägermeister hat jedoch die Kreisjägermeister angewiesen, die nach RJG. § 39 Abs. 2 erforderliche Genehmigung zur Anstellung eines Jagdaufsehers nur dann zu erteilen, wenn der Jagdaufseher im Besitz eines Jagdscheines ist [95]). Auf diese Weise wird erreicht, daß auch der Jagdaufseher gegen Jagdhaftpflicht versichert ist; dies muß im Interesse der Sicherheit der Jagdaufseher wie auch all der Personen, die ihm mit der Schußwaffe begegnen, begrüßt werden.

Vom 1. 4. 1938 ab sollen nur noch die von der Deutschen Jägerschaft, Abteilung für Berufsjäger, mit Erfolg geprüften Hilfs- und Re-

---

[94]) Siehe Erl. des Reichsjägermeisters vom 18. 5. 1935 Nr. IV 1008 an den Gaujägermeister für den Jagdgau Baden-Nord; „Wild und Hund" 1935/36 Nr. 27 S. 645.

[95]) Erl. des Reichsjägermeisters vom 20. 2. 1937 R 741 (Rundschreiben Nr. 149).

vierjäger (Berufsjäger)[96]) im Jagdschutz verwendet werden[97]). Diese Berufsjäger erhalten einen unentgeltlichen Jagdschein[98]).

O.

AusfV. § 27 Abs. 5 (II. AusfV. Art. 12 Abs. 2): Ausstellung von Jagdscheinen zu halben Gebühren für Schwerkriegsbeschädigte und die ihnen gleichgestellten Personen.

I. Altes Recht.

Schwerkriegsbeschädigte erhalten Jagdscheine zu halben Gebühren. Als Schwerkriegsbeschädigte gelten auch die weniger als 50 v. H. erwerbsbeschränkten Kriegsbeschädigten, die auf Grund des § 8 der Erläuterungen zum Gesetz über die Beschäftigung Schwerbeschädigter widerruflich den Schwerkriegsbeschädigten gleichgestellt worden sind[99]).

II. Neues Recht.

Nunmehr werden die Schwerkriegsbeschädigten solchen schwerbeschädigten Personen (§ 8 Abs. 1 Satz 2 des Gesetzes über die Beschäftigung Schwerbeschädigter vom 12. 1. 1923 (RGBl. I S. 57) gleichgestellt, deren Versorgungsansprüche aus dem

---

[96]) RJG. § 39 Abs. 8; Bestimmungen über die Ausbildung, Prüfung und Anerkennung von Berufsjägern vom 19. 11. 1936, zu beziehen von dem Verlag der Amtl. VerkBl. zum Preis von 0,60 *RM* einschließlich Porto (Bek. der Deutschen Jägerschaft, Abtl. für Berufsjäger vom 14. 1. 1937 — Amtl. VerkBl. 1936/37 Nr. 43 —).

[97]) Dienstanweisung für Kreisjägermeister vom 3. 12. 1935 Ziff. IV B 4 S. 31.

[98]) AusfV. § 27 Abs. 3 Buchst. b.

[99]) Erl. des Reichsjägermeisters vom 31. 7. 1935 Nr. IV 12206 (AllgVf. 52/1935); Amtl. VerkBl. 1935/36 Nr. 36.

1. Tumultschädengesetz vom 12.5.1920 (RGBl. S. 941),
2. Kriegspersonenschädengesetz in der Fassung vom 22. 12. 1927 (RGBl. I S. 515),
3. Besatzungspersonenschädengesetz vom 17. 7. 1922 (RGBl. I S. 624),
4. Gesetz über die Versorgung der Kämpfer für die nationale Erhebung vom 27. 2. 1934 (RGBl. I S. 133)

rechtskräftig anerkannt sind.

Mit der neuen Bestimmung wird ein Gebot der Gerechtigkeit erfüllt.

P.

AusfV. § 28 (II. AusfV. Art. 13): Jägernotweg.

I. Altes Recht.

RJG. § 28 räumt demjenigen, der die Jagd ausübt, das Recht zum Betreten eines fremden Jagdbezirks in Jagdausrüstung auch auf einem nicht zum allgemeinen Gebrauch bestimmten Wege unter den dort bezeichneten Voraussetzungen ein (Jägernotweg). Dieser Weg wurde von der unteren Verwaltungsbehörde festgelegt. Der Eigentümer der Grundstücke, über die der Notweg führte, konnte eine angemessene Anerkennungsgebühr verlangen, die auf Antrag eines der Beteiligten die untere Verwaltungsbehörde festsetzte. Eine Zustimmung der Grundstückseigentümer und der Jagdausübungsberechtigten war also nicht erforderlich.

II. Neues Recht.

Die Benutzung des Jägernotweges ist nunmehr nur mit Zustimmung der beteiligten Grundstückseigentümer und Jagdausübungsberechtigten oder auf Grund behördlicher Entscheidung zulässig; kraft Gesetzes ist sie also nicht gestattet. Wer einen Jägernotweg in Anspruch nehmen will, muß sich der Zustimmung des bezeichneten Personenkreises versichern. Einigen sich die Beteiligten nicht, so entscheidet auf Antrag die untere Verwaltungsbehörde[100]). Ihre Entscheidung ist endgültig, also nicht anfechtbar.

Wer den Jägernotweg vor Zustimmung der Beteiligten oder vor der behördlichen Entscheidung benutzt, macht sich strafbar nach StGB. § 368 Nr. 10 i. d. F. des Ges. vom 28. 6. 1935 (RGBl. I S. 389) Art. 10 Nr. 3 (unbefugtes Betreten eines fremden Jagdgebietes außerhalb der zum allgemeinen Gebrauch bestimmten Wege in Jagdausrüstung), nicht etwa nach RJG. § 60 Abs. 1 Nr. 5.

Q.

AusfV. § 30 (II. AusfV. Art. 14): Überwechseln krankgeschossenen Schalenwildes.

I. Altes Recht.

Nach RJG. § 30 hat der Schütze beim Überwechseln krankgeschossenen Schalenwildes auf einen benachbarten Jagdbezirk den Anschuß und die Stelle des Überwechselns nach Möglichkeit kenntlich zu machen; außerdem muß er das Überwechseln dem Jagdausübungsberechtigten des Nachbarbezirkes unverzüglich melden. RJG. und AusfV. § 31 enthalten nähere Bestimmungen über das Recht zur Aneignung von krankgeschossenem übergewechseltem Wild in den Fällen, in denen Wildfolge vereinbart ist.

II. Neues Recht.

AusfV. § 30 trifft nun Bestimmungen für die Fälle, in denen Wildfolge nicht vereinbart ist: Kopfschmuck[101]) und Wildpret des

---

[100]) AusfV. § 53 Abs. 8; mein Kommentar S. 193.

[101]) Wie Kopfschmuck sind in Bayern auch Gams- und Hirschbart, die Gewere und Borsten des Schwarz-

übergewechselten Schalenwildes[102]) gehören[103]) grundsätzlich dem am Fundort Jagdausübungsberechtigten. Er muß sich deshalb Wild, für das ein Abschußplan vorgesehen ist, auf seinen Abschußplan anrechnen lassen[104]). Ist ihm diese Anrechnung nicht genehm, so muß er bei Schalenwild mit Kopfschmuck diesen[105]) und bei Schalenwild ohne Kopfschmuck[106]) das Wildpret dem Jagdausübungsberechtigten des Bezirks, in dem das Wild beschossen wurde, zur Verfügung stellen. Der letztere kann dieses Angebot nicht ablehnen.

Diese Regelung entspricht der Billigkeit, da dem Jagdausübungsberechtigten des Nachbarbezirkes nicht zugemutet werden kann, daß er sich das von einem anderen geschossene Wild auf seinen Abschußplan gegen seinen Willen anrechnen läßt.

Für anderes als Schalenwild besteht weder eine Rechtspflicht zur Kenntlichmachung der Stelle des Anschusses und des Überwechselns noch eine Anzeigepflicht. Ohne vereinbarte Wildfolge darf aber das Wild über die Grenze nicht verfolgt werden; Zuwiderhandlung ist Jagdwilderei nach StGB. §§ 292 ff. n. F.

---

wildes sowie die Grandeln des Rotwildes zu behandeln (V. des Landesjägermeisters für das Land Bayern vom 12. 7. 1935/23. 3. 1937 Ziff. VII — GVBl. 1935 S. 571; 1937 S. 109 —).

[102]) Schalenwild ist Wisent, Elch-, Rot-, Dam-, Sika-, Stein-, Muffel-, Reh-, Gams- und Schwarzwild (RJG. § 35 Abs. 1 Nr. 1).

[103]) Der Jagdausübungsberechtigte hat jedenfalls einen klagbaren Anspruch auf Herausgabe des Kopfschmuckes und des Wildprets.

[104]) Abschußplan ist im allgemeinen vorgesehen für Schalenwild mit Ausnahme von Schwarzwild (RJG. § 37 Abs. 2 Satz 1); für Schwarzwild s. AusfV. § 45 Abs. 1 Satz 3.

[105]) Das Wildpret gehört auch in diesen Fällen dem Jagdausübungsberechtigten des Nachbarjagdbezirks.

[106]) Der Mönch ist Schalenwild ohne Kopfschmuck.

über die Wildfolge auf Gebiete, auf denen die Jagd ruht, s. meine Abhandlung „Entstehen und Bildung der Jagdbezirke", Verlag von P. Parey, Berlin, S. 95.

R.

AusfV. § 35 Abs. 4 Buchst. b und c (II. AusfV. Art. 15): Auslegen von Gift.

I. Altes Recht.

1. Über Vergiften von Mäusen und Ratten mit Giftgetreide, Phosphorlatwerge und damit behandelte Köder enthielt AusfV. § 35 Abs. 4 Buchst. b eingehende Bestimmungen.

Zum Vergiften von Nebel-, Rabenkrähen und Elstern durften nur mit Phosphorlatwerge vergiftete Eier ausgelegt werden.

2. a) Zum Schutze der Kolkraben ist das Auslegen von Gifteiern im Jagdgau Hamburg[107]) und in bestimmten Gebieten von Preußen verboten[108]).

b) Das Auslegen von Gifteiern kann von den Kreisjägermeistern der Hochgebirgsjagdkreise Sonthofen, Kempten, Füssen, Werdenfels, Isarwinkel, Mangfallgau-Süd, Chiemgau-Süd, Berchtesgaden insoweit verboten werden, als hierdurch der Kolkrabe gefährdet werden würde[109]).

II. Neues Recht.

1. Der Kreis der Tiere, die vergiftet werden dürfen, ist ausgedehnt auf Bisamratten und Hamster. Als Mittel dürfen Giftgetreide (ausgenommen thalliumhaltiges Getreide), ferner Phosphorlatwerge, Zinkphosphidzubereitungen,

---

[107]) Wild und Hund 1935 S. 492.

[108]) V. des Landesjägermeisters für das Land Preußen vom 6. 6. 1935 (Wild und Hund 1935 S. 577).

[109]) V. des Landesjägermeisters für das Land Bayern vom 12. 7. 1935 (GVBl. S. 571, abgedruckt in meinem Kommentar S. 201) Ziff. 24.

Meerzwiebelpräparate und damit behandelte Köder, außerdem Gaspatronen und Schwefelkohlenstoff verwendet werden. In besonderen Fällen kann der Landesbauernführer im Einvernehmen mit dem Gaujägermeister thalliumhaltige Mittel zulassen. Weiter sind genaue Bestimmungen über die Verwendung der Mittel getroffen.

2. Zum Vergiften von Nebel-, Rabenkrähen und Elstern dürfen nur die vom Reichsjägermeister zugelassenen Gifteier[110]) ausgelegt werden. Das Auslegen ist rechtzeitig in ortsüblicher Weise bekanntzugeben. Spätestens 3 Tage nach dem Auslegen sind die nicht aufgenommenen Eier sowie die vergifteten Tiere einzusammeln und zu vernichten.

---

[110]) Siehe Anordnung des Reichsjägermeisters vom 12. 2. 1937 R 823 (Amtl. VerkBl. 1936/37 Nr. 47):

„1. Als Gifteier dürfen lediglich Hühnereier, Enteneier und künstliche Eier verwendet werden, die ein Mindestgewicht von 55 g haben. Bei künstlichen Eiern muß die Widerstandsfähigkeit der Schale der eines Natureies entsprechen. Der Verschluß der Einfüllöffnung muß luftdicht und wetterfest sein und ein Auslaufen des Ei-Inhaltes unbedingt verhindern.

2. Die Farbe der Gifteier ist weiß mit der haltbaren Aufschrift ‚Giftei'.

3. Der Inhalt der Gifteier besteht aus dem natürlichen Ei-Inhalt oder aus einem künstlichen, der Krähe zusagenden Gemisch von der Konsistenz des natürlichen Ei-Inhaltes. Das Ei ist mindestens zu drei Vierteln zu füllen; es muß jedoch stets ein kleiner Hohlraum erhalten bleiben.

4. Der Phosphor ist gleichmäßig und fein verteilt mit dem Ei-Inhalt zu vermischen. Die Phosphormenge muß mindestens 1½% des Eigewichts betragen, darf aber 3% nicht übersteigen.

Wer den vorstehenden Bestimmungen zuwider Gifteier feilbietet, auslegt oder die ausgelegten Gifteier und vergifteten Tiere nicht rechtzeitig einsammelt oder vernichtet, macht sich nach § 60 Nr. 5 der Verordnung zur Ausführung des Reichsjagdgesetzes strafbar.

Das Auslegen ist rechtzeitig in ortsüblicher Weise bekanntzugeben."

Auf Grund ausdrücklicher Anordnung des Reichsjägermeisters ist der Bezug und das Auslegen von Gifteiern der privaten Initiative der einzelnen Revierinhaber und Hegeringe zu überlassen. Die Jagdbehörden haben eine Anordnung zum Auslegen von Gifteiern nicht zu treffen, Sammelbezug von Gifteiern nicht vorzunehmen und auch die Empfehlung bestimmter Gifteier zu unterlassen. Sie können dagegen prüfen, ob die Anordnung vom 12. 2. 1937 eingehalten worden ist; Gifteier, die offensichtlich den Vorschriften nicht entsprechen, sind zur Begutachtung dem Institut für Jagdkunde der Deutschen Jägerschaft Berlin-Wannsee einzusenden[111]).

3. Die Vorschriften unter Ziff. I 2 gelten nach wie vor.

4. Die landesrechtlichen Vorschriften, nach denen zum Bezug von Gift eine besondere polizeiliche Erlaubnis notwendig ist und welche weitergehende Bestimmungen über die bei der Auslegung von Gift zu beobachtenden Vorsichtsmaßregeln enthalten, sind gleichfalls zu beachten[112]).

5. Verbotswidrige Verwendung von Gift und Nichtbeachtung der Sorgfaltspflicht begründet wegen des Schadens, der an jagdbaren Tieren und Hausgeflügel verursacht wird, Schadenersatzpflicht nach BGB. § 823[113]).

Zu Ziff. 1 und 2: Die Bestimmungen wurden erlassen, weil früher durch Auslegen von Gifteiern Unglücksfälle, sogar der Tod von Kindern herbeigeführt wurden; die oft zu kleinen und zu leichten Eier wurden nämlich von den Krähen verschleppt und der Inhalt an Phosphor war nicht selten zu stark. Andererseits

[111]) Erl. des Reichsjägermeisters vom 10. 2. 1937 zu Nr. R 823 (Rundschreiben Nr. 145).

[112]) Siehe meinen Kommentar § 35 Anm. 33 S. 97.

[113]) Siehe meinen Kommentar § 35 Anm. 35 S. 97.

wurden auch vielfach unsachgemäß hergestellte und dadurch für den fraglichen Zweck unbrauchbare Gifteier verwendet.

S.

AusfV. § 36 Abs. 1 (II. AusfV. Art. 16 Abs. 1): Örtliche Verbote, hier Jagdausübung an Orten, an denen die Jagd eine Störung der öffentlichen Ruhe, Ordnung und Sicherheit oder eine Gefährdung von Menschen verursacht.

I. Altes Recht.

1. a) Nach StGB. 367 Abs. 1 Nr. 8 wird bestraft, „wer ohne polizeiliche Erlaubnis [114]) an bewohnten oder von Menschen besuchten Orten Selbstgeschosse, Schlageisen oder Fußangeln legt, oder an solchen Orten mit Feuergewehr oder anderem Schießwerkzeug schießt".

„Ort" ist jede Örtlichkeit, z. B. eine Landstraße, ein Feldweg, ein Fußpfad, ein Garten. „Von Menschen besuchte Orte" sind solche, die von Menschen betreten zu werden pflegen; dabei genügt ein gelegentliches Hinkommen.

Die Vorschrift galt, wie in der Rechtsprechung und im Schrifttum allgemein anerkannt wurde, auch für die Ausübung der Jagd und des Jagdschutzes sowie des Notstandsrechtes nach BGB. § 228; die „polizeiliche Erlaubnis" wurde durch den Jagdschein nicht ersetzt und der erlaubte Zweck (z. B. Ausübung der Jagd und des Jagdschutzes) durfte nicht durch Mittel verwirklicht werden, die unter einem anderen strafrechtlichen Gesichtspunkt verboten sind. Irrtum über die Befugnis ist als Strafrechtsirrtum unbeachtlich.

---

[114]) Die Zuständigkeit zur Erteilung der polizeilichen Erlaubnis regelt sich nach Landesrecht; in Bayern sind zuständig die Polizeidirektionen und Polizeiämter, im übrigen die Bezirkspolizeibehörden (V. vom 4. 1. 1872 [Weber 9 S. 258] § 8).

Diese Rechtslage brachte die Jagdausübungs- und Jagdschutzberechtigten oft in eine heikle Lage. Die Rechtsprechung hat deshalb in Würdigung der tatsächlichen Verhältnisse des einzelnen Falles wiederholt eine strafbare Handlung verneint, wenn nach den gegebenen Umständen eine abstrakte Möglichkeit der Gefährdung, Verletzung oder Belästigung von Menschen ausgeschlossen ist[115]).

b) Das Reichsjagdgesetz bestimmt in § 36 Abs. 1:

„An Orten, an denen die Jagd die öffentliche Ruhe, Ordnung und Sicherheit stören oder das Leben von Menschen gefährden würde, darf nicht gejagt werden."

Welche Orte in Frage kommen, ist jeweils von Fall zu Fall zu würdigen; Ortschaften, Wege, Reichsautobahnen, Eisenbahnen, Gartenanlagen, Sportplätze, die befriedeten Bezirke nach RJG. § 7 besonders die Friedhöfe, Wasserstraßen, werden regelmäßig hieher gehören.

Im Schrifttum und in der Rechtsprechung wurde die Ansicht vertreten, daß für die Ausübung des Jagdrechts StGB. § 367 Abs. 1 Nr. 8 durch RJG. § 36 Abs. 1 als eine lex specialis ersetzt worden ist, da die Ausübung der Jagd und die Regelung des Jagdwesens ausschließlich den Bestimmungen des RJG. und der hierzu erlassenen Ausführungsverordnung unterliegt[116]).

Darüber, ob diese Strafbestimmung auch bezüglich der Ausübung des Jagdschutzes, be-

---

[115]) Näheres s. mein Kommentar zu StGB. § 367 Anm. 2—4, S. 121—123; RJG. § 1 Anm. 1 Seite 3; Kammergericht Urt. vom 2. 7. 1935 (Deutsche Justiz 1936 S. 292 = DVerwBl. 1936 S. 198) (zugefrorener See).

[116]) AusfV. § 1 Abs. 1 Satz 1; Amtsgericht München, Urt. vom 7. 11. 1936 („Der Deutsche Jäger" 1936/37 Nr. 39 S. *769 V); Stelling, RVerwBl. 1937 S. 213.

sonders des Erschießens von Hunden und Katzen ersetzt ist, herrschten verschiedene Meinungen [117]).

II. Neues Recht.

1. RJG. § 36 Abs. 1 ist nun durch die II. AusfV. Art. 16 Abs. 1 ergänzt:

„Die Jagd darf nicht ausgeübt werden, wenn dadurch nach den tatsächlichen Umständen des einzelnen Falles eine Störung der öffentlichen Ruhe, Ordnung und Sicherheit oder eine Gefährdung von Menschen verursacht wird. Die Vorschrift des § 367 Nr. 8 des Reichsstrafgesetzbuches findet auf die rechtmäßige Jagdausübung in Jagdbezirken keine Anwendung."

Dadurch ist die Rechtslage in erfreulicher Weise geklärt und zwar zugunsten des Jägers. Dieser hat im einzelnen Falle zu prüfen, ob tatsächlich die öffentliche Ruhe, Ordnung und Sicherheit gestört oder Menschen gefährdet werden. Wird die Frage verneint, so darf der Jäger ohne besondere polizeiliche Erlaubnis auch an bewohnten oder von Menschen besuchten Orten schießen sowie Selbstgeschosse und Schlageisen zum Fangen von Wild aufstellen. Er darf also z. B. auch auf einem Weg schießen, wenn z. Zt. der Abgabe des Schusses kein Mensch vorhanden ist oder wenn der Schuß in einer Richtung abgegeben wird, in der Menschen nicht getroffen werden können. Es ist demnach sehr wohl möglich, daß an dem gleichen Ort die Jagdausübung nicht verboten, während sie unter anderen Umständen strafbar ist.

Zu beachten ist, daß die neue Bestimmung weiter geht als RJG. § 36 Abs. 1, wo von einer Gefährdung des Lebens von Menschen die

---

[117]) Amtsgericht München, Urt. vom 7. 11. 1936 (Fußnote 116) und Stelling, RVerwBl. 1937 S. 214, Fußnote 4 verneinen die Frage; Ott bejaht sie in „Der Deutsche Jäger" 1936/37 Nr. 39 S. *770/VI.

Rede ist; nunmehr ist auch eine Gefährdung der Gesundheit und körperlichen Unversehrtheit zu berücksichtigen.

Von dem Verbot des StGB. § 367 Nr. 8 ist ausgeschlossen „die rechtmäßige Jagdausübung in Jagdbezirken“. Eine nichtrechtmäßige Jagdausübung liegt besonders bei Überschreitung des beschränkten Jagdausübungsrechtes nach AusfV. § 7 Abs. 2, § 9 Abs 4 und § 42 Abs. 2 durch Erlegung anderer als der dort bezeichneten Tierarten vor. Die Tätigkeit des Nichtjagdausübungsberechtigten kommt hier nicht in Betracht; denn sie ist keine „Jagdausübung“, kein „Jagen“ im Sinne der Gesetzgebung, sondern eine bewußte und gewollte Verletzung fremden Jagdrechts nach StGB. § 292 n. F., eine Jagdwilderei[118]). Die Jagdausübung umfaßt alle Handlungen nach RJG. § 1, also besonders das Nachstellen, Fangen und Erlegen von Wild. Zu den Jagdbezirken gehören auch die befriedeten Bezirke (RJG. § 7 Abs. 2 und 3) sowie die Seen und Teiche nach AusfV. § 9 Abs. 3 und 4; denn sie sind Bestandteile der Jagdbezirke, wenn sie auch aus dem Jagdbetrieb des Jagdausübungsberechtigten herausgenommen sind. Zudem gehören die befriedeten Bezirke in erster Linie zu den Orten im Sinne des RJG. § 36 Abs. 1 und der II. AusfV. § 36 Abs. 1; für sie bestand also ein besonderes Bedürfnis zur Schaffung klarer und befriedigender Rechtsverhältnisse.

Was von der Jagdausübung gilt, darf wohl unbedenklich auch auf die Ausübung des Jagdschutzes angewendet werden; denn es ist kein berechtigter innerer Grund ersichtlich, warum z. B. beim Erschießen von wildernden Hunden und

---

[118]) Siehe auch RG. Urt. vom 26. 5. 1936, 4 D 288/36; Deutsche Justiz, 1936 S. 1192 = RVerwBl. 1936 S. 1013.

Katzen nach RJG. § 40 in der fraglichen Beziehung eine andere Rechtslage gelten soll als beim Erschießen eines jagdbaren Tieres.

2. Strafbestimmung: RJG. § 60 Abs. 2 Nr. 9 (Übertretung). Zur Strafbarkeit genügt Fahrlässigkeit, d. i. Außerachtlassung der im Verkehr erforderlichen Sorgfalt (BGB. § 276). Die Nichtkenntnis des Verbots sowie die irrige Auslegung der Bestimmung ist als Strafrechtsirrtum unbeachtlich und schützt nicht vor Strafe.

Die Einziehung des verbotswidrig erlegten Wildes ist nicht zulässig, da sie für diese Übertretung im RJG. § 61 nicht vorgesehen ist.

Der Jagdausübungsberechtigte erwirbt trotz Straffälligkeit jedoch Eigentum an dem Wild[119]).

Zu beachten ist jedoch in allen Fällen StGB. § 368 Nr. 7, wonach bestraft wird, „wer in gefährlicher Nähe von Gebäuden oder feuerfangenden Sachen mit Feuergewehr schießt"; diese Bestimmung hat nach wie vor Geltung.

T.

AusfV. § 36 Abs. 1—4, nun 2—5 (II. AusfV. Art. 16 Abs. 2—4): Örtliche Verbote; hier Ausübung der Jagd auf Anlagen der Landesverteidigung und der Luftfahrt sowie in der Umgebung solcher Anlagen.

I. Altes Recht.

Nach RJG. § 36 Abs. 2 kann die Ausübung der Jagd auf Anlagen der Landesverteidigung oder der Luftfahrt und in der Umgebung solcher Anlagen besonderen Beschränkungen unterworfen werden.

Die AusfV. hat folgende Beschränkungen festgesetzt:

---

119) Siehe mein Kommentar § 1 Anm. 7b Abs. 3 Seite 8.

1. Zur Sicherung der Munitionsniederlagen der Wehrmacht ist innerhalb eines Umkreises von 225 m — gerechnet von den am weitesten außen liegenden Munitionshäusern — die Ausübung der Jagd mit Feuerwaffen verboten. Das Gelände grenzen gemeinschaftlich die zuständigen Wehrmachtsdienststellen, der Kreisjägermeister und ein Vertreter der beteiligten Jagdausübungsberechtigten ab[120]). Die Abgrenzung veranlaßt der Kommandant oder Standortälteste unter Mitwirkung des Vorstandes der Munitionsanstalt. Die Grenzen werden nicht versteint[121]).

2. In Gebieten, in denen das Grundeigentum durch gesetzliche Bestimmungen aus Gründen der Reichsverteidigung in der Benutzung beschränkt ist[122]) (Schutzbereich) darf die Jagd nur ausgeübt werden, wenn der Jagdschein vorher von der zuständigen Wehrmachtsdienststelle[123]) mit einem Sichtvermerk versehen ist. Die Erteilung ist in deren Ermessen gestellt und jederzeit widerruflich[124]). Die Gründe für die Versagung des Sichtvermerks brauchen nicht mitgeteilt werden. Ein Beschwerderecht ist nicht eingeräumt.

Auf die Bildung der Jagdbezirke hat der Schutzbereich keinen Einfluß.

3. In allen Befestigungsanlagen ist die Wehrmachtsverwaltung allein befugt, die Jagd durch besonders ermächtigte Personen auszuüben; in Befestigungsanlagen mit weniger als 5 ha

---

[120]) AusfV. § 36 Abs. 2, nun 3.

[121]) Anordnung des Reichskriegsministers vom 24. 7. 1935 (Heeresverordnungsblatt S. 145); abgedruckt in meinem Kommentar S. 252.

[122]) Schutzbereichgesetz vom 24. 1. 1935 und Erste DurchfV. vom 19. 9. 1935 (RGBl. I S. 499, 1162).

[123]) Zuständig sind die Wehrkreis-, Marinestations- bzw. Luftkreiskommandos (s. Fußnote 121).

[124]) AusfV. § 36 Abs. 3.

Flächenraum darf die Jagd nur auf wilde Kaninchen und Haarraubwild ausgeübt werden[125]).

Zur Ausübung der Jagd ist der Kommandant befugt. Die Wehrkreis- und Marinestationskommandanten setzen im Einvernehmen mit den Wehrkreisverwaltungsämtern bzw. Marineintendanturen einen angemessenen Pachtpreis fest. Erklärt sich der Kommandant nicht bereit, die Jagd zu dem festgesetzten Preis zu übernehmen, so kann sie die Kommandantur einem anderen Offizier oder Wehrmachtsbeamten des Standortes übertragen Findet sich ein solcher nicht, so hat die Jagd zu ruhen[121]); es tritt derselbe Rechtszustand ein, wie wenn der Jagdvorsteher nach RJG. § 11 Abs. 2 Satz 2 die Jagd auf einem gemeinschaftlichen Jagdbezirk ruhen läßt.

Die Befestigungsanlagen, die regelmäßig im Eigentum des Reiches stehen, sind, wenn sie die Voraussetzungen besonders wegen der Mindestgröße erfüllen, Eigenjagdbezirke nach RJG. § 8. Ist dies nicht der Fall, so bilden sie Sonderjagdbezirke, nachdem auf Grund ausdrücklicher Bestimmung auf ihnen lediglich die Wehrmachtsverwaltung, nicht die Jagdgenossenschaft des sie umgebenden gemeinschaftlichen Jagdbezirks jagdausübungsberechtigt ist; bei der Berechnung der Mindestgröße des gemeinschaftlichen Jagdbezirks werden aber mangels einer anderweiten Bestimmung ihre Grundflächen mitgerechnet[126]).

Wildfolge ist auf dem Gebiete der Befestigungsanlagen (und Munitionsanstalten) ausgeschlossen[127]).

Die Aufgaben des Kreisjägermeisters übt die Verwaltungsbehörde aus, der die Verwaltung des Jagdbezirkes unmittelbar obliegt, also die Heeresstandortverwaltung; ausgenommen ist nur

---

125) AusfV. § 36 Abs. 1.
126) AusfV. § 9 Abs. 1.
127) AusfV. § 31 Abs. 2.

die Festsetzung des Abschußplanes. Die Aufgaben des Gaujägermeisters werden von der dieser Verwaltungsbehörde unmittelbar vorgesetzten Dienstbehörde, also von dem Wehrkreisverwaltungsamt, wahrgenommen. Die Verwaltungsbehörden haben im engsten Einvernehmen mit der zuständigen Forstverwaltungsbehörde zu verfahren; zuständig sind die Heeresforstaufsichtsämter Berlin und Wiesbaden[128]).

Die Abschußpläne werden von den Heeresforstaufsichtsämtern Berlin und Wiesbaden festgesetzt[129]).

Die Bestimmungen des RJG., besonders über die Pflicht zur Lösung des Jagdscheins, Einhaltung der sachlichen Verbote und der Schonzeiten gelten für die Jagdausübung auf heereseigenen Grundflächen in gleicher Weise wie für die übrigen Jäger.

4. In den Luftfahrtanlagen sind nur die Luftämter befugt, die Jagd durch besonders ermächtigte Personen auszuüben[130]).

II. Neues Recht.

Die Bestimmungen wurden in einigen Punkten geändert und ergänzt:

1. Das völlige Verbot der Jagdausübung innerhalb der 225 m-Zone der Munitionsniederlagen der Wehrmacht ist aufgehoben; verboten ist nunmehr innerhalb dieser Zone nur der Schuß in Richtung auf die genannten Anlagen, nicht aber auch der Schuß in entgegengesetzter Richtung, da er die Anlagen nicht gefährdet[131]).

2. Die Bestimmung in Ziff. I 4 bezüglich der Jagdausübung auf Luftfahrtanlagen ist weggefallen.

---

128) RJG. § 55; AusfV. § 55.
129) RJG. § 37 Abs. 6.
130) AusfV. § 36 Abs. 5.
131) II. AusfV. Art. 16 Abs. 3.

a) Nunmehr dürfen auf Anlagen der Landesverteidigung und der Luftfahrt[132]) nur mit Zustimmung des Reichskriegsministers Jagden verpachtet und Jagderlaubnisscheine ausgestellt werden. Er entscheidet also in letzter Linie darüber, welche Personen und unter welchen Bedingungen diese als Pächter zugelassen werden. Er kann auch laufende Pachtverträge für solche Anlagen mit sofortiger Wirkung aufheben und untersagen, daß von der erteilten Jagderlaubnis weiter Gebrauch gemacht wird. Erwirbt also z. B. die Heeresverwaltung Grundflächen aus einem verpachteten gemeinschaftlichen Jagdbezirk zu Zwecken der Landesverteidigung oder der Luftfahrt, so kann der Reichskriegsminister entgegen der Bestimmung des RJG. § 16 Abs. 2 den Pachtvertrag bezüglich dieser

---

[132]) Siehe Luftverkehrsgesetz vom 21. 8. 1936 (RGBl. I S. 653, 936).

V. über den Aufbau der Reichsluftfahrtverwaltung vom 18. 4. 1934 (RGBl. I S. 310) mit den späteren Änderungen; V. vom 8. 9. 1936 i. d. F. der V. vom 8. 10. 1937 (RGBl. I 1936 S. 729, 748; 1937 S. 1115): Verzeichnis und Bezirke der Luftämter; über Anschriften der Luftämter s. RMBliV. 1937 S. 769.

V. über den Luftverkehr vom 21. 8. 1936 i. d. F. vom 31 3. und 12. 7. 1937 (RGBl. I 1936 S. 659, 936: 1937 S. 432, 815)

Die Befehlshaber der Luftkreise bzw. die Fliegerhorstkommandanten haben auf den ihnen unterstellten Gebieten die Befugnisse des Kreisjägermeisters (RJG. § 55); ein unentgeltlicher Jagdschein ist ihnen jedoch nicht auszustellen (Erl. des Reichsjägermeisters vom 1. 9. 1936 R 3466 — Rundschr. Nr. 114 —).

Über Zusammenarbeit der Fliegerhorstkommandanturen mit den Kreisjägermeistern siehe Erl. des RMin. der Luftfahrt und Oberbefehlshabers der Luftwaffe vom 9. 2. 1937 LD Nr. 30185/37 III V 8 Jagd. (Erl. des Reichsjägermeisters vom 13. 2. 1937 R 824 — Rundschr. Nr. 146 —).

Die Abschußpläne für die Anlagen der Luftfahrt setzt das Reichsluftfahrtministerium fest. Die Wildursprungsscheine geben nach Anordnung des Reichsministers der Luftfahrt bis auf weiteres die Kreisjägermeister ab.

Flächen sofort mit dem Erwerb des Eigentums aufheben.

Zu den Anlagen der Landesverteidigung zählen nicht nur alle Befestigungs- und Munitionsanlagen, sondern nach ausdrücklicher Bestimmung auch Schieß- und Truppenübungsplätze.

Standortübungsplätze und Remonteämter sind nicht zu Anlagen der Landesverteidigung und der Luftfahrt zu rechnen. Auf diesen Anlagen können bestehende Jagdpachtverträge lediglich durch freie Vereinbarung oder zeitlichen Ablauf außer Kraft treten[132a].

b) Die gleichen Rechte hat der Reichsjägermeister für die Umgebung von Anlagen der Landesverteidigung und der Luftfahrt; er bestimmt im Benehmen mit dem Reichskriegsminister, welche Gebiete als Umgebung im Sinne dieser Bestimmung anzusehen sind.

U.

AusfV. § 36 Abs. 5 (II. AusfV. Art. 16 Abs. 5): Wildschutzgebiete u. a.

I. Altes Recht.

Nach AusV. § 36 Abs. 5 (nun 6) kann der Reichsjägermeister die Ausübung der Jagd auf Natur-, Baum- und Wildschutzgebieten besonders regeln.

II. Neues Recht.

1. Die II. AusfV. ermächtigt den Reichsjägermeister, wenn die Lebensbedingungen jagdbarer Tiere dauernd oder vorübergehend erheblich beeinträchtigt oder gefährdet werden, die zu ihrem

---

132a) Erl. des Oberkommandos des Heeres vom 4. 6. 1937 Nr. $\frac{\text{63 u. 25 V 2 üb F}}{\text{2196/37 V 2 üb}}$

Schutz notwendigen Maßnahmen im Verordnungswege zu treffen; er kann hiezu besonders auch Wildschutzgebiete errichten.

Für die nichtjagdbaren Tiere können nach dem Reichsnaturschutzgesetz vom 26. 6. 1935 (RGBl. I S. 821) § 2 Maßnahmen zur Erhaltung seltener oder in ihrem Bestand bedrohter Tierarten getroffen werden. Es können besonders auch Naturschutzgebiete errichtet und sonstige Landschaftsteile im Interesse der Tierwelt, besonders der Niederjagd, unter Schutz gestellt werden (§§ 4 und 5). Nun kann der Reichsjägermeister auch für jagdbare Tiere Wildschutzgebiete errichten.

Diese Bestimmung ist von besonderer Bedeutung, wenn z. B. durch wasserwirtschaftliche Verbesserungen die Lebensbedingungen des jagdbaren Wasserflugwildes, wie bei Trockenlegung von Teichen, erheblich beeinträchtigt oder gefährdet werden. Die Bestimmung dient weiter vor allem dem Schutz unseres Gamswildes gegenüber Störungen durch Bergsteiger und Skiläufer.

2. Der Reichsjägermeister hat von dieser Ermächtigung Gebrauch gemacht durch Erlaß der **Verordnung vom 24. 6. 1937 Nr. IV/3144 über die Schaffung von Schutzgebieten für Rot- und Gamswild in Bayern:**

Auf Grund der §§ 63 und 70 Abs. I RJG. vom 3. Juli 1934 (RGBl. I S. 549) und der §§ 36 Absatz 6 und 60 Absatz 9 AusfV. RJG. vom 27. März 1935 (RGBl. I S. 431) in der Fassung der II. AusfV. RJG. vom 5. 2. 1937 (RGBl. I S. 179) wird folgendes verordnet:

§ 1.

Zur Sicherung der erheblich gefährdeten Lebensbedingungen des Rot- und Gamswildes im bayerischen Hochgebirge und seinen Vorbergen und des Wildes im Forstenrieder- und Ebersberger Wildpark sowie im Spessarter Wildpark können Wildschutzgebiete geschaffen werden.

§ 2.

(I) In Wildschutzgebieten kann verboten werden:

a) sich außerhalb der besonders freigegebenen Wege und Plätze („Verkehrswege") aufzuhalten;

b) Bauwerke, insbesondere Gaststätten, Unterkunftshäuser oder Schutzhütten ohne Genehmigung der Jagdbehörde, unbeschadet der baupolizeilichen Erlaubnis, zu errichten;

c) Bauwerke, die ursprünglich zu land- oder forstwirtschaftlichen Zwecken errichtet sind, ohne Genehmigung der Jagdbehörde zu anderen Zwecken, wie z. B. als Unterkunftshütten, Schutzhütten u. ä. zu benützen, zu verpachten oder zu vermieten.

(II) Die land-, forst-, jagd- und fischereiwirtschaftliche Nutzung wird von den in Absatz I aufgezählten Beschränkungen nicht betroffen.

§ 3.

(I) Die Wildschutzgebiete, ihre Grenzen und die Verkehrswege werden öffentlich bekanntgegeben. Im Gelände sind sie durch Tafeln zu kennzeichnen.

(II) Die Jagdbehörde kann besondere Ausweise ausstellen, die zum Aufenthalt in den Wildschutzgebieten außerhalb der Verkehrswege berechtigen.

§ 4.

Der Landesjägermeister für das Land Bayern wird mit der Durchführung dieser Verordnung beauftragt. Er bestimmt im Benehmen mit dem Bayerischen Ministerpräsidenten, Landesforstverwaltung und dem Bayerischen Staatsministerium des Innern die Wildschutzgebiete und erläßt die sonstigen, zur Durchführung notwendigen Anordnungen.

§ 5.

Zuwiderhandlungen gegen diese Verordnung oder gegen die auf ihr beruhenden Durchführungsverordnungen sind nach § 6 Absatz 9 AusfV. RJG. strafbar.

§ 6.

Diese Verordnung tritt am Tage ihrer Verkündung[132b]) in Kraft.

3. Durchführungsverordnung des Landesjägermeisters für das Land Bayern vom 5. 10. 1937 zur Verordnung des Reichsjägermeisters über die Schaffung von Schutzgebieten für Rot- und Gamswild in Bayern vom 24. 6. 1937

(GVBl. 1937 S. 292, Bayer. RegAnz. Nr. 294 = Amtl. VerkBl. 1937/38 Nr. 32.)

Gemäß § 4 der Verordnung des Reichsjägermeisters über die Schaffung von Schutzgebieten für Rot- und Gamswild in Bayern vom 24. Juni 1937 Nr. IV 3144 GVBl. Nr. 26 S. 253 (im Folgenden kurz VO. des Rjm. genannt) wird im Benehmen mit dem Bayerischen Ministerpräsidenten, Landesforstverwaltung, und dem Bayerischen Staatsministerium des Innern folgendes verordnet:

132b) Die Verkündung ist erfolgt in den Amtl. Verk.-Bl. 1937/38 Nr. 14 vom 2. 7. 1937; in RMBlFv. vom 5. 7. 1937 S. 200; siehe auch Bek. des Landesjägermeisters für das Land Bayern vom 30. 7. 1937 (GVBl. S. 253, 294) und Nachrichtenblatt für Naturschutz 1937 Nr. 9 S. 80.

§ 1.

I. Jagdbehörde im Sinne der §§ 2 und 3 der Verordnung des Reichsjägermeisters ist der Kreisjägermeister.

II. Erstreckt sich ein Wildschutzgebiet über mehrere Jagdkreise, so bestimmt der Landesjägermeister den zuständigen Kreisjägermeister.

§ 2.

I. Anträge auf Genehmigung nach § 2 Abs. 1 b und c der Verordnung des Reichsjägermeisters sind beim Kreisjägermeister einzureichen.

II. Der Kreisjägermeister verbescheidet die Anträge durch Beschluß; er hat Abdruck des Beschlusses der zuständigen Baupolizeibehörde zuzuleiten.

III. Gegen die Entscheidung des Kreisjägermeisters ist die Beschwerde zulässig. Für das Beschwerdeverfahren findet § 54 RJG. mit § 54 AusfVO. RJG. entsprechende Anwendung.

§ 3.

Die Einhaltung der in Wildschutzgebieten erlassenen Verbote zu überwachen, obliegt neben dem Polizei- und Sicherheitsdienst den Beamten und Angestellten der Landesforstverwaltung und den gemäß § 39 RJG. Jagdschutzberechtigten.

§ 4.

I. Die Ausweise gemäß § 3 Abs. II der Verordnung des Reichsjägermeisters müssen beim Aufenthalt in den Wildschutzgebieten mitgeführt und den nach § 3 mit der Überwachung Betrauten jederzeit auf Verlangen vorgezeigt werden.

II. Personen, die mit den in § 2 Abs. II der Verordnung des Reichsjägermeisters genannten Nutzungen befaßt sind, bedürfen dieser Ausweise nicht.

§ 5.

I. Die Wildschutzgebiete werden gemäß § 3 der Verordnung des Reichsjägermeisters durch die in Anlage 1 bis 4 dargestellten Tafeln gekennzeichnet.

II. Die Jagdbehörde stellt die zur erstmaligen Kennzeichnung der Wildschutzgebiete nötigen Tafeln nach Anlage 1, 2 und 3 auf ihre Kosten den Jagdausübungsberechtigten zur Verfügung.

Die Tafeln nach Anlage 4 werden von der Jagdbehörde auf Kosten des jeweils Jagdausübungsberechtigten beschafft.

Die Jagdausübungsberechtigten sind verpflichtet, die Kennzeichen nach näherer Weisung der Jagdbehörden auf ihre Kosten aufzustellen.

§ 6.

Diese Verordnung tritt am 1. November 1937 in Kraft.

München, den 5. Oktober 1937.

F. von Epp.

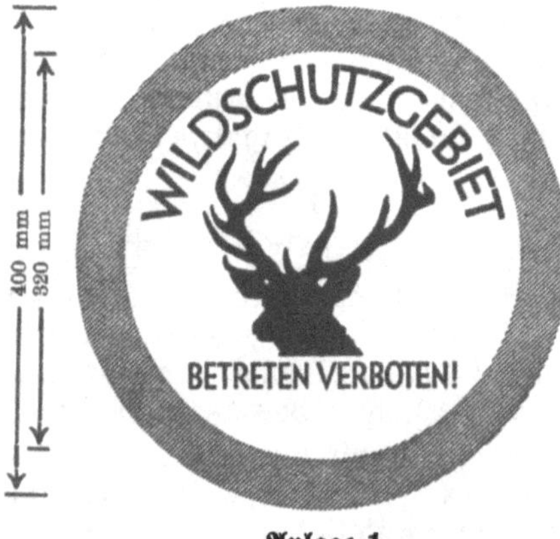

Anlage 1
(roter Rand)

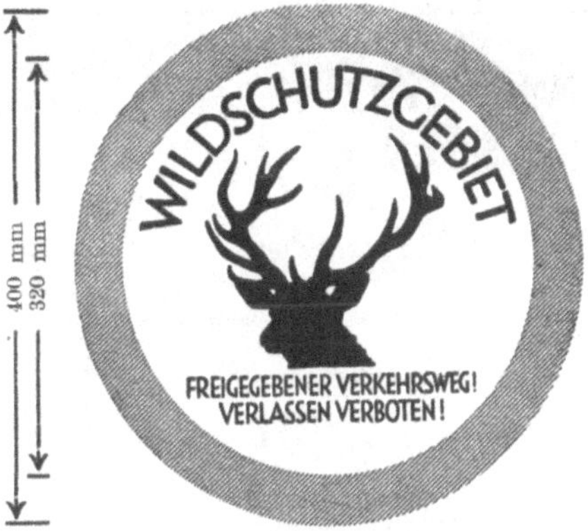

Anlage 2
(grüner Rand)

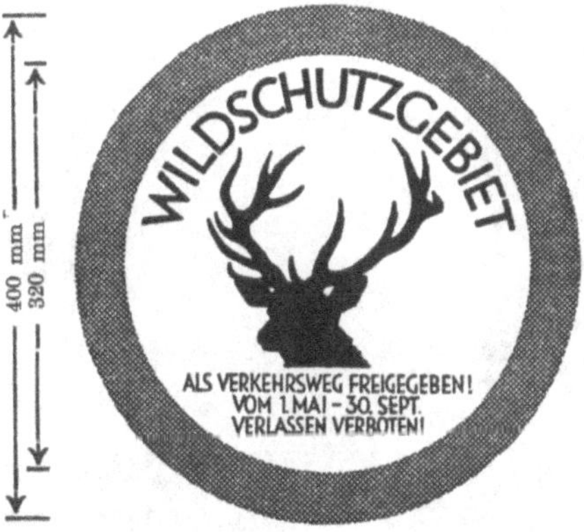

Anlage 3
(blauer Rand)

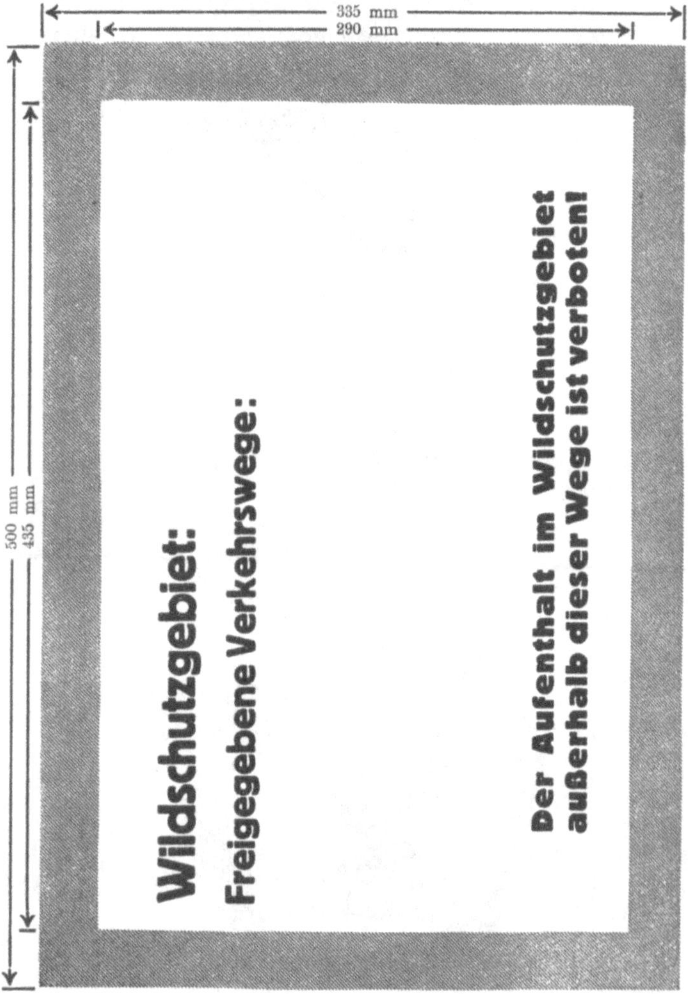

Anlage 4
(roter Rand)

V.

AusfV. § 38 Abs. 1 Nr. 22 (II. AusfV. Art. 17): Schußzeit für Sumpfschnepfen und Brachvögel.

I. Altes Recht.

Die Schußzeit für Sumpfschnepfen (Bekassinen, auch Doppelbekassinen, große Sumpfsinen, auch Himmelsziegen genannt, Doppelschnepfen genannt, stumme Bekassinen, auch Haarschnepfen und kleine Sumpfschnepfen genannt) und Brachvögel war festgesetzt für die Zeit vom 1. 8. bis 15. 4.

II. Neues Recht.

Die Schußzeit ist nun gekürzt auf die Zeit vom 1. August bis Ende Februar.

W.

AusfV. § 42 (II. AusfV. Art. 18): Verminderung übermäßigen Wildstandes.

I. Altes Recht.

Nach RJG. § 42 Abs. 1 kann der Kreisjägermeister anordnen, daß der Jagdausübungsberechtigte unabhängig von den Schonzeiten[133]) innerhalb einer bestimmten Frist im bestimmtem Umfang den Wildstand vermindert, wenn dies mit Rücksicht auf das Gemeinwohl, besonders auf die Belange der Land-, Forst- und Fischereiwirtschaft notwendig ist. Die Bestimmung bezieht sich nicht nur auf solche Wildarten, die Wildschaden im Sinne des RJG. verursachen (Schadenwild)[134]), sondern auf den gesamten Wildstand, z. B. auch auf Raubwild, das den Hühnerbestand gefährdet. Sie erstreckt sich auch auf befriedete Bezirke nach RJG. § 7 Abs. 3. Voraussetzung für die Anordnung des Kreisjägermeisters ist, daß wiederholt ein das

---

[133]) AusfV. § 38.

[134]) RJG. § 44 (Schalenwild und wilde Kaninchen).

gewöhnliche Maß erheblich übersteigender Schaden innerhalb kürzerer Zeit verursacht worden ist. Gegen die Anordnung des Kreisjägermeisters ist Beschwerde zulässig[135]).

Kommt der Jagdausübungsberechtigte den Anordnungen des Kreisjägermeisters nicht oder nur unzureichend nach, so kann dieser auf dessen Rechnung den Wildstand vermindern lassen. Dies kann geschehen durch bestellte Berufsjäger[135a]) oder durch sog. Polizeijagden, die der Kreisjägermeister anordnet; das erlegte Wild ist gegen angemessenes Schußgeld dem Jagdausübungsberechtigten zu überlassen.

Der Kreisjägermeister kann bei besonders starkem Wildschaden durch Sauen dem Jagdausübungsberechtigten auch die Anlage und den Betrieb von Saufängen (vergl. RJG. § 35 Abs. 1 Nr. 7; § 29 Abs. 1, AusfV. § 29 Abs. 1) auferlegen und bei Weigerung auf dessen Kosten vornehmen lassen; es darf erwartet werden, daß die Beteiligten, denen die Saufänge zugute kommen, zur Verminderung der Kosten, wenn irgend möglich, freiwillig das Holz zur Verfügung stellen sowie Hand- und Spanndienste leisten. Wegen Überlassung der Saufänge an den Jagdnachfolger siehe RJG. § 29 Abs. 2, AusfV. § 29 Abs. 2.

Über Abschuß von Schwarzwild und Bauen von Saufängen s. Entschl. der bayer. Landesdes Landesjägermeisters für das Land Bayern forstverwaltung vom 16. 9. 1937 Nr. F 8971 und vom 20. 9. 1937 Nr. 2177 B I.

Über Gewährung von Prämien bei der Schwarzwildbekämpfung s. Bek. d. Bayer. Ministerpräsidenten, Landesforstverwaltung, vom 26. 11. 1937 — Reg.Anz. 333 —.

---

[135]) AusfV. § 42 Abs. 1, § 54.

[135a]) Wegen Bekämpfung der Füchse s. Bek. des Landesjägermeisters für das Land Bayern v. 11. 11. 1937 — Amtl. Verk. Bl. 1937/38 Nr. 35 —.

II. Neues Recht.

Nunmehr ist der Kreisjägermeister ermächtigt, auch einzelnen zuverlässigen Personen einen schriftlichen Ausweis[136]) zur Erlegung von bestimmten Tierarten, nämlich von Schwarzwild, Kaninchen und Raubwild[137]) zu erteilen, wenn der Jagdausübungsberechtigte seiner Anordnung nach RJG. § 42 Abs. 1 nicht nachkommt. Der Ausweis ersetzt den Jagdschein; eine Gebühr wird nicht erhoben; er darf Personen, denen der Jagdschein versagt werden muß[138]), nicht erteilt werden. Der Ausweis ist zeitlich und örtlich zu begrenzen und jederzeit widerruflich. Der Inhaber des Ausweises muß gegen Jagdhaftpflicht versichert sein[139]). Der Ausweis berechtigt zur Ausübung der Jagd nur in Begleitung[140]) des Jagdausübungsberechtigten[141]) oder der vom Kreisjägermeister auf dem Ausweis bestimmten ortskundigen Personen.

Nach ausdrücklicher Anweisung des Reichsjägermeisters sollen die Kreisjägermeister von dieser Ermächtigung nur in den dringendsten Fällen Gebrauch machen und zwar nur dann,

---

136) Vordrucke für die Ausweise und die darüber zu führenden Listen werden den Kreisjägermeistern von der Deutschen Jägerschaft kostenlos geliefert (Anweisung des Reichsjägermeisters vom 18. 2. 1937 Ziff. 9 letzter Abs — RMBliV. 1937 S. 461 = Amtl. VerkBl. 1936/37 Nr. 48, abgedruckt in meinem Kommentar, Nachtrag S. 18 —).

137) Über den Begriff „Raubwild" siehe Buchst. N Fußnote 89.

138) RJG. § 23.

139) Erlaß des Reichsjägermeisters vom 18. 2. 1937 über Gemeinschaftsversicherung gegen Jagdhaftpflicht und Teilnahmepflicht der Jagdscheininhaber (Deutscher Reichs- und Preuß. StAnz. Nr. 46 = Amtl. VerkBl. 1936/37 Nr. 48, abgedruckt in meinem Kommentar, Nachtrag S. 13) § 2 Buchst. g (siehe Buchst. K); AllgVf. des Reichsjägermeisters vom 26. 4. 1937, IV 2221 (Amtl. VerkBl. 1937/38 Nr. 7) Abs. 1.

140) S. RJG. § 14 Abs. 4; über den Begriff „Begleitung" siehe mein Kommentar § 14 Anm. 8 S. 60.

141) Siehe Buchst. A Fußnote 7.

wenn die Durchführung ihrer Anordnungen zur Verringerung des Wildstandes, z. B. des Schwarzwildes durch den Jagdausübungsberechtigten nur auf diese Weise zu erreichen ist; die Bestimmung darf unter keinen Umständen dazu führen, daß an Stelle des Jagdscheines nur der Ausweis gelöst wird[142]).

Die Kreisjägermeister stellen auf Grund ausdrücklicher Weisung die Ausweise auch für staatseigene Jagden aus[142a]).

Die Formblätter für den Ausweis erhalten die Kreisjägermeister von der Deutschen Jägerschaft kostenlos.

X.

AusfV. § 44 Abs. 3 und 4 (II. AusfV. Art. 19): Wildschadensausgleichskasse.

I. Altes Recht.

1. Nach AusfV. § 44 Abs. 3 kann bei den Gaujägermeistern mit Zustimmung des Landesjägermeisters eine Wildschadensausgleichkasse nach näherer Bestimmung des Abs. 4 gebildet werden.

2. Der Landesjägermeister für das Land Bayern hat bestimmt, daß eine Ausgleichskasse für Schwarzwildschaden in den Jagdgauen Pfalz und Unterfranken gebildet werden kann und nähere Bestimmungen erlassen[143]).

II. Neues Recht.

1. Nunmehr kann für jeden Jagdgau oder für mehrere Jagdgaue eine Wildschadensausgleichkasse errichtet werden; das Nähere ist durch V. vom 5. 2. 1937 (RGBl. I S. 184) geregelt.

Der Reichsjägermeister hat eine Mustersatzung

---

[142]) Erl. des Reichsjägermeisters vom 4. 3. 1937 (Rundschr. Nr. 153).

[142a]) Erl. des Reichsjägermeisters vom 10. 4. 1937 IV Nr. 1938 — RMBlFv. S. 110 —.

[143]) V. vom 12. 7. 1935 (GVBl. S. 571) Ziff. XII.

für die Wildschadenausgleichkassen erlassen und Weisungen zum Vollzug gegeben[144]). Die erforderlichen Formblätter für Beitragskataster, Anmelde- und Beitragslisten sind zu beziehen vom Verlag J. Neumann, Neudamm.

2. In der V. des Landesjägermeisters für das Land Bayern vom 12. 7. 1935 ist die einschlägige Bestimmung gestrichen[145]).

3. Der Reichsjägermeister hat mit Erlaß vom 31. 7. 1937 R 3845 — Amtl. VerkBl. 1937/38 Nr. 20 — angeordnet, daß für den Jagdgau Saarpfalz eine Wildschadensausgleichskasse für Schwarzwildschäden errichtet wird.

Siehe RVerwBl. 1937 S. 432.

Y.

AusfV. § 51 (II. AusfV. Art. 20): Wildhandel.

I. Altes Recht.

Auf Grund der AusfV. § 51 erließ der Reichsjägermeister im Einvernehmen mit dem Reichsminister für Ernährung und Landwirtschaft die Wildhandelsordnung vom 1. 4. 1935 (RGBl. I S. 494)[146]). Durch den Erlaß über den Übergang einzelner Aufgaben des Reichsministeriums für Ernährung und Landwirtschaft auf das Reichsforstamt vom 12. 7 1935 (RGBl. I S. 1031) sind die Angelegenheiten des Wildpretḥandels einschließlich der Ein- und Ausfuhr von lebendem Wild auf das Reichsforstamt übergegangen. Die Wildhandelsordnung ist mit Wirkung vom 1. 4. 1936 durch die Wildverkehrsordnung vom 21. 3. 1936 (RGBl. I S. 259) ersetzt[147]).

---

[144]) Erlaß vom 2. und 24. 4. 1937 R 1696 (Rundschreiben Nr. 155) ergangen an die Landes- und Gaujägermeister; abgedruckt bei Pfundtner-Neubert, „Das neue Deutsche Reichsrecht“ III b 43 S. 97.

[145]) V. des Landesjägermeisters vom 23. 3. 1937 (GVBl. S. 109) Art. 8.

[146]) Abgedruckt in meinem Kommentar S. 189.

[147]) Abgedruckt und erläutert in meinem Kommentar, Nachtrag S. 26.

II. Neues Recht.

Die AusfV. ist dem neuen Rechtszustand angepaßt. Der Reichsjägermeister regelt nun allein den Verkehr und Handel mit erlegtem und lebendem Wild im Verordnungswege.

Z.

AusfV. § 58 Abs. 1 (II. AusfV. Art. 22): Jägerehrengerichte.

I. Altes Recht.

Nach RJG. § 58 Abs. 2 kann das Ehrengericht u. a. auf Entziehung des Jagdscheins für bestimmte Zeit oder dauernd erkennen. Auch im Verfahren vor den ordentlichen Strafgerichten kann neben der Strafe die Entziehung des Jagdscheins für bestimmte Zeit oder dauernd ausgesprochen werden (RJG. § 62 Abs. 2). Mit der Entziehung des Jagdscheines ist der frühere Inhaber nicht mehr Mitglied des Reichsbundes „Deutsche Jägerschaft" (RJG. § 56 Abs. 1; AusfV. § 56 Abs. 1).

Auf Ausschluß aus der Deutschen Jägerschaft kann auch durch Spruch des Ehrengerichts erkannt werden, wenn ein Mitglied der Deutschen Jägerschaft durch sein Verhalten sich des Ansehens und der Achtung unwürdig gezeigt hat, die seine Mitgliedschaft zur Deutschen Jägerschaft von ihm erfordert (AusfV. § 58 Abs. 1). Im Schrifttum wurde schon bisher die Ansicht vertreten, daß der Ausschluß aus der Deutschen Jägerschaft durch ehrengerichtlichen Spruch entsprechend der Entziehung des Jagdscheins im ehrengerichtlichen und Strafverfahren für bestimmte Zeit oder dauernd erkannt werden kann; die Ehrengerichte haben dies auch so gehandhabt.

II. Neues Recht.

AusfV. § 58 Abs. 1 bestimmt nun ausdrücklich, daß der Spruch des Ehrengerichts auf Ausschluß aus der Deutschen Jägerschaft „für bestimmte Zeit oder dauernd" lauten kann.

Über Nachprüfung der Urteile der Ehrengerichte siehe Erl. des Reichsjägermeisters vom 14. 4. 1937 R 2129 — RMBlFv S. 122 —.

AA.

AusfV. § 60 (II. AusfV. Art. 23): Strafbestimmungen.

I. Altes Recht.

1. AusfV. § 60 enthält die Bestimmungen über Bestrafung der Zuwiderhandlungen gegen die Ausführungsverordnung.

2. Die Jagdschutzberechtigten [148]) sind u. a. befugt, wildernde Hunde und Katzen [149]) zu fangen und zu erlegen (RJG. § 40 Abs. 1). Dieses Recht ist in RJG. § 40 Abs. 2 Nr. 2 auf nichtwildernde Hunde und Katzen erweitert [150]). Die Jagdausübungsberechtigten [151]) können diese Befugnis auch einem Jagdgast nach RJG. § 40 Abs. 3 und AusfV. § 40 übertragen.

Nach RJG. § 60 Abs. 2 Nr. 13 wird bestraft, wer Hunde oder Katzen entgegen der Bestimmung des RJG. § 40 Abs. 2 Nr. 2 unbeaufsichtigt in einem Jagdbezirk laufen läßt. Neben der Strafe

---

148) Fußnote 92.

149) Der Tatbestand des Wilderns ist schon erfüllt, wenn Hund oder Katze die Fährte des Wildes aufsucht, ihm nachschleicht oder es treibt (OLG. Jena, 2. StrS., Urt. vom 5. 3. 1937 Ss 27/37 — JW. 1937 S. 1832 —).

150) Daneben besteht in allen Fällen das Notstandsrecht nach BGB. § 228; hier ist aber zu beachten, daß die Tötung nicht nur zur Abwendung der Gefahr erforderlich ist, sondern auch, daß der Wert des Hundes und der Katze nicht außer Verhältnis zu dem Schaden, den sie an den Wildstand ausüben, steht; Näheres siehe mein Kommentar § 1 Anm. 1 S. 3, § 40. Anm. 23 S. 121; auch OLG. Kiel, Urt. vom 3. 2. 1936 — 1 U 125/35 (RJM. IV b 3587) — (Deutsche Justiz 1936 S. 1059).

151) Fußnote 7.

kann der Jagdausübungsberechtigte nach den Bestimmungen des BGB. §§ 823, 249 ff. Ersatz des Schadens verlangen, den Hunde und Katzen am Wildstand verursacht haben. Der Anspruch hierauf ist vor den ordentlichen Zivilgerichten geltend zu machen[152]).

II. Neues Recht.

1. Die Strafbestimmungen sind entsprechend den Änderungen und Ergänzungen der II. AusfV. ergänzt und geändert.

Neu ist die Bestimmung, daß auch im Falle der AusfV. § 19 Abs. 3 (früher 2), also während des Verfahrens, in dem über das Erlöschen des Jagdpachtvertrages entschieden wird, der Jagdpächter strafbar ist, wenn er trotz Untersagung des Kreisjägermeisters die Jagd ausübt; bisher war der Jagdpächter nur strafbar, wenn er während des Verfahrens über die Nichtigkeit des Jagdpachtvertrags trotz Verbots des Kreisjägermeisters nach RJG. § 15 Abs. 2 die Jagd ausgeübt hat (RJG. § 60 Abs. 2 Nr. 2).

2. Der der AusfV. § 60 neu zugefügte Abs. 2 enthält eine für die Jagdschutzberechtigten sowie für die Hunde- und Katzenbesitzer wichtige Bestimmung: Nunmehr kann der Jagdausübungsberechtigte für den Schaden, den Hunde und Katzen an seinem Wildstand verursacht haben, an Stelle der Klage vor den ordentlichen Zivilgerichten bereits im Strafverfahren die Zuerkennung einer Buße beantragen. Für die Buße haften die zu ihr Verurteilten als Gesamtschuldner[153]). Das Verfahren richtet sich nach StPO. §§ 403, 404 Abs. 1—3, 405; demnach gilt besonders folgendes:

---

[152]) Näheres siehe mein Kommentar, Vorbem. zu §§ 5—11, Anm. V 5 S. 21 ff.; § 40 Anm. 11, 13—27 S. 119 ff.

[153]) BGB. §§ 421 ff.

Der Jagdausübungsberechtigte muß sich der Klage vor dem Strafgericht als Nebenkläger anschließen (§ 403). Der Antrag auf Zuerkennung einer Buße kann bis zur Verkündung des Urteils erster Instanz gestellt werden; der Antrag kann bis zur Verkündung des Urteils zurückgenommen, ein zurückgenommener Antrag nicht erneuert werden. Wird der Angeklagte freigesprochen oder das Verfahren eingestellt oder die Sache ohne Urteil erledigt, so gilt der Antrag ohne weitere Entscheidung für erledigt (§ 404 Abs. 1—3). Der Nebenkläger hat den Betrag, welchen er als Buße verlangt, anzugeben; auf einen höheren Betrag der Buße als den beantragten darf nicht erkannt werden (§ 405)[154].

Die neue Bestimmung bedeutet eine wesentliche Vereinfachung und Beschleunigung des Verfahrens zugunsten des Jagdausübungsberechtigten.

---

[154]) Über Geltendmachung des Schadenersatzanspruches siehe „Der Jagdvorsteher" 1937 S. 134.

Nachtrag

(Ergänzungen, die während der Drucklegung veranlaßt wurden.)

Zu Seite 3 Buchstabe b Abs. 2:

Über Auffinden von lebendem oder verendetem Wild auf dem Eisenbahnkörper durch Bahnbeamte, Schranken- oder Bahnwärter s. Stelling, RVerwBl. 1937 S. 919, 920.

Zu Seite 4 Ziff. II:

Siehe Kämpny, Wildfund und Wildfolge in „Wild und Hund" 1937/38 Nr. 41 S. 705, Nr. 42 S. 720.

Zu Seite 6:

Die Reichsstraßenverkehrsordnung vom 28. 5. 1934 tritt ab 1. 1. 1938 außer Kraft (V. über die Regelung des Straßenverkehrs vom 13. 11. 1937 — RGBl. I S. 1254 —). Vom gleichen Tage ab gilt die Straßenverkehrs-Ordnung vom 13. 11./28. 12. 1937 — RGBl. I S. 1194, 1215, 1422 —. An dem Begriff „Führer des Fahrzeugs" ändert sich nichts.

Zu Seite 8 Fußnote 13:

Über Tierquälerei bei Niederfallen von Wild auf dem Eisenbahnkörper siehe Stelling, RVerwBl. 1937 S. 920

Zu Seite 10 Buchstabe d:

Über Haftpflicht der Eisenbahn bei Überfahren von Wild und bei Funkenflug siehe Stelling, RVerwBl. 1937 S. 920.

Zu Seite 13 Fußnote 26:

Siehe auch „Wild und Hund" 1937/38 S. 342 = „Der Jagdvorsteher" 1937 S. 106, 133.

Zu Seite 14 Fußnote 29 Abs. 1:

Siehe auch Mitzschke in „Deutsche Justiz" 1937 S. 790 = „Wild und Hund" 1937/38 S. 342.

Fußnote 29 Abs. 2:

Die Ansicht, daß die Schonzeiten zu beachten sind, wird auch vertreten von Stelling in „Deutsche Jagd" 1937/38 S. 507 und RVerwBl. 1937 S. 921, 1021 sowie in „Jahrbuch der Deutschen Jägerschaft" 1936/37 S. 12; a. M.: LG. Köln, Urt. vom 2. 3. 1937 — 3 Ms 170/36, und OLG. Köln, Urt. vom 22. 4. 1937 — Ss 62/37 (JW. 1937 S. 2420 mit den eingehenden Ausführungen von Schäfer = „Deutsche Jagd" 1937/38 S. 442). Siehe auch „Naturschutz" 1937 S. 215; „Deutsche Jagd" 1937/38 Nr. 39 S. 875.

Fußnote 30:

Siehe auch OLG. Dresden, Urt. vom 12. 4. 1937 — 6 Ss 43/37 („Deutsche Justiz" 1937 S. 790 = „Wild und Hund" 1937/38 S. 342 = „Der Jagdvorsteher" 1937 S. 106, 133). Der Landesjägermeister für das Land Bayern vertritt den Standpunkt, daß in § 7 „aus dem Gedanken des Notstandsrechtes heraus eine eingehende Regelung der Befugnisse zur Verhütung von Schaden durch Raubwild getoffen worden ist, so daß darüber hinaus kein Notstandsrecht gemäß § 228 BGB. zugestanden werden kann" (Entschließung vom 22. 10. 1937 Nr. 2360 C II); diese Ansicht stützt sich wohl auf das Urteil des RG. vom 31. 8. 1937 — III 52/37 („Deutsche Justiz" 1937 S. 1710 = JW. 1937 S. 3118 mit eingehenden Ausführungen von Schäfer), wonach BGB. § 228 auf Fälle des sog. Jagdnotstands nach RJG. § 40 (Erschießen von Hunden und Katzen) keine Anwendung findet; Schäfer hebt aber mit Recht hervor, das Urteil des Reichsgerichts sei offenbar so zu verstehen, daß § 228 keine Anwendung findet, soweit die Tötungsbefugnis in § 40 geregelt ist. — Das Notstandsrecht nach BGB. § 228 wird auch verneint von Stelling in RVerwBl. 1937 S. 922, weil § 228 für jagdbare Tiere ohne weiteres ausscheidet; dieser Ansicht kann nicht beigetreten werden.

Zu Seite 18 Ziffer 3 Buchst. a α:

Mitzschke „Wild und Hund" 1937/38 S. 342 vertritt die Auffassung, daß Übertretung nach AusfV. § 60 Abs. 2 Nr. 4 nur dann vorliegt, wenn die befriedete Fläche zu keinem Jagdbezirk gehört; gehört sie zu einem (Eigen- oder gemeinschaftlichen) Jagdbezirk, so liegt eine Jagdwilderei nach StGB. § 292 vor, weil das Jagdausübungsrecht eines Dritten, nämlich der Jagdgenossenschaft oder eines Pächters, verletzt wird. Die Beurteilung hängt von der Beantwortung der Frage ab, ob die befriedeten Flächen Bestandteile des Jagdbezirkes sind; wird die Frage bejaht, so muß man sich der vorstehenden Ansicht von Mitzschke anschließen.

Ziffer 3 Buchstabe a γ:

Siehe OLG. Dresden, Urt. vom 12. 4. 1937 (Zu Seite 14 Fußnote 30).

Stelling, RVerwBl. 1937 S. 921 nimmt Jagdwilderei nach StGB. § 292 an.

Zu Seite 28 Fußnote 75:

Über Jagdunfälle und die Notwendigkeit der Entziehung des Jagdscheines siehe Erl. des Reichsjägermeisters vom 17. 12. 1937 R 6666 — Amtl. VerkBl. 1937/38 Nr. 39 —. Erste Mitteilung der Jagdhaftpflicht-Versicherungsstelle für die deutschen Jäger, Umgang mit der Schußwaffe: „Wild und Hund" 1937/38 Nr. 39 S. 673.

Zu Seite 42 Fußnote 110:

Siehe auch RMBlFv. 1937 S. 45.

Zu Seite 45 und 46:

Über Jagen auf Eisenbahnkörpern siehe Stelling, RVerwBBl. 1937 S. 918.

Zu Seite 58:

Siehe Knorr, Schutzgebiete für Rot- und Gamswild in Bayern („Die Landgemeinde" Ausgabe B 1938 S. 3).

Zu Seite 62 Ziffer I letzter Absatz:

Die Bekanntmachung des Landesjägermeisters für das Land Bayern vom 2. 12. 1937 — AmtlVerkBl. 1937/38 Nr. 38 — verweist auf die Bek. vom 26. 11. 1937.

Zu Seite 65 Buchstabe X Ziffer II, 3:

Auszug der Satzung der Wildschadensausgleichskasse für Schwarzwildschäden für den Jagdgau Saarpfalz siehe AmtlVerkBl. 1937/38 Nr. 37.

Bek. des Landesjägermeisters für das Land Baden vom 9. 12. 1937 — AmtlVerkBl. 1937/38 Nr. 38 —:

Der Reichsjägermeister hat mit Erlaß vom 25. 11. 1937 R 6193 die Errichtung einer Wildschadensausgleichskasse für Rotwild-, Damwild- und Schwarzwildschäden im Lande Baden (Jagdgau Baden-Nord und Baden-Süd) mit dem Sitz in Karlsruhe angeordnet. Auszug der Satzung ist veröffentlicht.

Sachverzeichnis

Die Zahlen bedeuten die Seiten

A.

Ablieferung von Wild, Ersatz der Aufwendungen bei — 5; Pflicht zur — 1, 70; Schadensersatzpflicht 9; Verletzung der Ablieferungspflicht 7.
Abschußplan 51, 52.
Abwurfstangen 2.
Amsel 15 (Erlegen in befr. Bezirken).
Anlagen 15 (Jagdausübg.); der Landesverteidigung 48ff.; der Luftfahrt 48ff.
Anschuß 39.
Anzeigepflicht bei Besitz od. Gewahrsam von Wild 1; Ersatz der Aufwendungen 5; Schadensersatzpflicht 9; Verletzung der Anzeigepflicht 7.
Arische Abstammung 24.
Ausgleichskasse f. Schwarzwildschaden 59.
Ausländer 23 (Anpachtung von Jagden).
Ausschluß aus der Deutschen Jägerschaft 66.
Ausweis zum Abschuß von Schwarzwild, Kaninchen und Raubwild 63; für Wildschutzgebiete 55, 57.

B.

Baumschutzgebiet 53.
Befestigungsanlagen 49ff.
Befriedete Grundflächen, Begriff 13; Jagdausübg. auf — 13ff., 45, 61, 71.
Bergsteiger 54 (Schutz des Wildes gegen —).
Berufsjäger 36, 62.
Bisamratten 41 (Vergiften).
Besitz von Wild 1; Begriff 3; durch den Fischereiberechtigten 3; durch den Führer von Fahrzeugen 3, 6; keine Rechtspflicht zur Begründung von — 3.
Brachvogel 51 (Schußzeit).
Bussard 13, 14.
Buße 68 (für Schaden durch Hunde u. Katzen).

D.

Dächse 13, 14.
Damwild 72, (Ausgleichskasse für Schaden durch —).
Deutsche Jägerschaft 66 (Ausschluß).
Drosseln 15; Erlegen auf befr. Bezirken 15; Fangverbot 15; Schußzeit 15.

E.

Ebersberger Wildpark 54 (Wildschutzgebiet).
Eichhörnchen 18.
Eier des jagdbaren Federwildes 2.
Eigenjagdbezirk, Mindestgröße 20; Verzicht auf die Eigenschaft als — 19.
Eisenbahn 10, 45, 70, 72.
Erbe des Jagdpächters 23.

F.

Fahrzeug 6, 70 (Führer).
Fallwild 2.
Fliegerhorstkommandant 52
Forstenrieder Wildpark 54 (Wildschutzgebiet).
Friedhof 45.
Fuchs 13, 14, 62.

G.

Gamswild 54, 56, 72 (Wildschutzgebiete für —).
Garten 15, 45 (Jagdausübung).
Gemeinschaftlicher Jagdbezirk, Mindestgröße 21.
Geschäftsführung ohne Auftrag 5.
Gewahrsam von Wild 1; Begriff 3; durch den Fischereiberechtigten 3; durch den Führer von Fahrzeugen 3, 6; keine Rechtspflicht zur Begründung von — 3.
Gift 41 (Auslegen von —).
Gifteier 42.

H.

Haftpflichtversicherung der Kreisjägermeister, Hegeringleiter und deren Stellvertreter 31.
Hamster 41 (Vergiften).
Hochwildjagd 19 (Begriff).
Hühnerhabicht 13, 14.
Hunde 67 (Fang und Erlegen).

J.

Jagdaufseher 6.
Jagdausübung auf Anlagen der Landesverteidigung u. der Luftfahrt 48; auf befriedeten Grundstücken 2, 13, 29 (Jagdhaftpflichtversichg.), 47; auf Eigenjagdbezirken 10; durch den Fischereiberechtigten 2, 29 (Jagdhaftpflicht-Versicherung), 47; an Orten, an denen die — eine Störung der öffentl. Ruhe usw. verursacht 44; trotz Untersagung des KJM. 68.
Jagdausübungsberechtigt 5, 10 (auf Eigenjagdbezirken).
Jagdbare Sachen 2.
Jagdbezirk, Betreten eines fremden — 18; Nichteinrechnung von Schmalflächen usw. in die Mindestgröße 12.
Jagdhaftpflichtversicherung 27, 72; beim Ausweis zur Erlegung v. Schwarzwild, Kaninchen u. Raubwild 63; bei Jagdausübung auf befriedeten Grundflächen 15.
Jagdpächter, persönliche Voraussetzungen 22.
Jagdschein für Ausländer 34; Ausstellung durch den Kreisjägermeister 33; Entziehung des — 66, 72; für Jagdschutzberechtigte 35; für Reichsangehörige im Ausland 34; für Schwerkriegsbeschädigte und die ihnen gleichgestellten Personen 37; für Staatenlose 34.
Jagdschutzberechtigt 35, 45, 47, 62.
Jagdunfälle 72.
Jagdwilderei 2, 7, 18, 47, 72.
Jägerehrengericht 66.
Jägernotweg 38.
Iltis 13, 14.
Jude 25.
Jungwild 3.

K.

Kaninchen, Ausweis zum Erlegen 63; Erlegen auf befr. Grundflächen 13.
Katzen 67 (Fang und Erlegen).
Kolkrabe 41.
Kopfschmuck 39.
Kraftfahrzeuge, Begriff 9; Haftung bei Überfahren von Wild durch — 9; Halter von — 9; Prüfungsfahrt von — 7, 10; Übungsfahrt von — 7, 10.

Kraftfahrzeuggesetz 6.
Krähen 18.
Krammetsvogel 15 (Erlegen auf befr. Grundflächen).

L.

Luftämter 52 (Verzeichnis und Bezirke).
Luftverkehr 52.

M.

Marder 13, 14 (Schußzeit).
Mönch 40.
Munitionsniederlagen 49.

N.

Naturschutzgebiet 53.
Naturschutzgesetz 54.
Naturschutzverordnung 18.
Notstand nach § 228 BGB. 14, 44, 67, 71.
Nutzungsberechtigter 13 (Begriff).

O.

Ortspolizeibehörde 1, 4 (Begriff).

P.

Polizeijagd 62.

R.

Raubvögel 13.
Raubwild, Ausweis zum Erlegen von — 62, 63; Begriff 35; Erlegen von — auf befriedeten Grundflächen 13; Jagdschein zum Erlegen von — durch Jagdschutzberechtigte 36.
Raubzeug, Begriff 35; Erlegen von — 18, 36.
Reichsautobahn 45.
Reichsbürger 24.
Reichsstraßenverkehrsordnung 6, 70.
Remonteämter 53.
Rotwild 54, 56 (Wildschutzgebiete für —), 72 (Ausgleichskasse für Schaden durch —).

S.

Saargebiet 1.
Saufänge 62.
Schadenersatz für Hunde u. Katzen 62; bei Überfahren von Wild 9.
Schalenwild, Begriff 6, 40; Überfahren von — 6, 7.
Schießen an bewohnten oder von Menschen besuchten Orten 18, 44; in gefährl. Nähe 14, 18, 48.
Schießplätze 53.
Schnepfen 61 (Schußzeit).
Schonzeiten bei Jagdausübung auf befriedeten Grundflächen 14, 70; bei Verminderung übermäßigen Wildstandes 61.
Schußgeld 62.
Schußzeiten 14, 17, 61 (Sumpfschnepfen und Brachvögel).
Schutzbereich 49.
Schutzhütten 55 (im Wildschutzgebiet).
Schutzjagd 23.
Schwarzwild, Ausweis zum Erlegen von — 63; Ausgleichskasse für Schaden durch — 59, 72; Prämien für Bekämpfung des — 62.
Skiläufer 54 (Schutz des Wildes gegen —).
Sperber 13, 14, 70.
Spessarter Wildpark 55 (Wildschutzgebiet).
Sportplatz 45.
Staatsangehöriger 24.
Standortübungsplatz 53.

T.

Tierquälerei 8, 14, 70.
Truppenübungsplatz 53.

U.

Überfahren von Schalenwild 6; von anderem als Schalenwild 7; Schadensersatzpflicht 9; Strafbestimmungen 7.
Überwechseln krank geschossenen Wildes 39.
Unfallversicherung d. Kreisjägermeister 31.
Unterkunftshütten 55 (im Wildschutzgebiet).
unverzüglich 4 (Begriff).

V.

Verkehrswege in Wildschutzgebieten 55 ff.
Verminderung übermäßigen Wildstandes 61.

W.

Waffenschein 14, 18, 36.
Wasserstraße 45
Weinberg 15 (Jagdausübung).
Wild, Ab- und Aufnehmen von — 3; Ablieferung von lebendem oder verendetem — 1; Begriff 2; Gefangenhalten von — 3.
Wilderer 67.
Wildfolge 39, 50, 70.
Wildfund 70.
Wildhandel 65.
Wildschadensausgleichkasse 64, 72.
Wildschutzgebiete 53, 72.

Druck von Dr. F. P. Datterer & Cie. Freising-München

Kolibri 360 GmbH
Ferdinand-Jühlke-Straße 7
99095 Erfurt, Deutschland
produktsicherheit@kolibri360.de